「なるほど!」とわかる

マンガ はじめての 嘘の心理学

精神科医
ゆうき ゆう監修

西東社

人はどんなときに嘘をつくのか？嘘をつく人の特徴は？

結婚詐欺や悪徳商法のように犯罪となるような嘘はともかく、罪のない軽い嘘であれば、誰でもついています。たとえば、朝寝坊して遅刻したときに、「電車が遅れて…」と自分を守る嘘をついたり、あまり嬉しくないプレゼントをもらった際に「これ欲しかったんだ」と相手を気遣う嘘をついたことがあるという人は少なくないでしょう。

ドイツの心理学者シュテルンは、嘘とは「だますことによって、ある目的を果たそうとする意識的な虚偽（真実ではないこと）の発言」と定義しました。だますとは「本当でないことや偽物を本当と思わせること」です。嘘を上手に活用するために、また、嘘つきにだまされないようにするために、嘘についてよく知っておくことが大切です。

人は自分を守ったり、大きく見せようとして嘘をつく

相手を思いやって嘘をつく場合もある

嘘の種類
▶P16

嘘つきの3つの特徴

シュテルンは嘘つきの特徴として、次の３点をあげました。だまされないためにも、嘘をつく人の考えや目的について知っておきましょう。

1 虚偽の意識がある

虚偽とは「偽り（本当ではないこと）を意識的に真実（本当）のように見せかけること」をいいます。つまり、嘘つきは自分の話していることや書いていることが真実ではないことを知っているのです。

2 だまそうとしている

本当ではないこと、事実とは違うこと、間違っていることを相手に信じこませようとします。つまり、嘘つきは意図的・計画的に相手をだまそうとしている人のことです。

3 嘘の目的が明確である

自分が利益を得たり、悪口や非難から逃れたり、あるいは自分を守るためだったりなど、嘘をつく目的がはっきりしています。ただし、必ずしも自分の利益のためだけではなく、他人やグループ、集団のために嘘をつく場合もあります。

※勘違いや言い間違い、記憶違いなど、嘘をついている人が自分も本当だと思っているときは、厳密にいうと嘘ではありません。

心理学の知識が相手の嘘を見破る助けになる

嘘をつこうとしている人は、一見して嘘つきとわかるような振る舞いはしません。むしろ、正直で誠実な人のように見せるはずです。慎重に対処しないと、詐欺にあってお金をだましとられたり、裏切られて大きな精神的ダメージを負ってしまったりすることも少なくありません。

そんなときに、あなたの力になるのが心理学の知識です。人は、緊張したり不安を感じたりすると、自分のからだに触れて心を落ち着かせようとします（セルフタッチングといいます）。また、はっきりとした動作ではなくても、目の動きや声の調子、顔色などから嘘を感じ取れる場合もあります。心理学を学べば、こうしたささやかなサインから、相手の隠れた心理を読み解くことができるようになります。

悪意のある嘘つきは巧妙な嘘をつく

悪意のある嘘つきは巧妙な嘘をつきます。適度に事実を織り込みつつ、ニュアンスを変えたり情報を勝手に取捨して印象を操作したりするなど、相手の反応を自分の望んだ方向へ誘導することもお手のものです。

同じような内容のことを話しても、ⒶとⒷのようにニュアンスや情報量を変えることで違う印象を与えることができる

心理学を使えば嘘を見抜くことができる

心理学は目には見えない人の心を、行動やからだの状態などから科学的に読み解く学問です。人は言葉だけでコミュニケーションしているのではありません。身振りや話し方、姿勢、相手との距離などから多くの情報を発信しています。

心理学の考え方や知識を身につければ、身振り、手振りなどから相手の隠された意図を知ることができます。心理学の知識は嘘があふれている世の中で、あなたにとって大きな助けとなるでしょう。

■外見やしぐさに表れる嘘のサイン

嘘をついているときは、罪の意識や後ろめたさ、あせりなどを感じていることが多く、それが無意識のうちに表に出てきます。こうした外見の変化に気づけば、嘘を見抜くことができます。

嘘は手足や目の動きに表れる

表情や姿勢に表れる

外観やしぐさから嘘を見抜く
▶P98〜101

嘘は話し方にも表れる

会話に表れる嘘のサイン
▶P104〜107

嘘で自分を変える 人間関係を変える 恋愛を成就させる！

嘘にはどうしてもマイナスのイメージがありますが、自分をふるい立たせたり、人間関係を良好にしたり、恋愛を成功させたりする「いい嘘」もあります。

人は、他人からだまされるだけではなく、自分に対しても嘘をつき、本当にだまされてしまうことがあります。たとえば、スポーツの試合などで緊張してしかたがないとき、「ぜったいにできる！」と自分に言い聞かせて自己暗示をかけ、実力以上の力を発揮できることがあります。また、嘘でもいいから人をほめたり特別扱いをすることで、相手の力を引き出したり、好意を抱いてもらうこともできます。何より、嘘をうまく使えば、恋愛だってうまくいくことがあります。

どうせ嘘をつくなら、前向きでいい結果を呼び込むような嘘をつきたいものです。

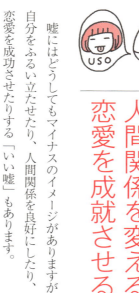

嘘で目標の自分に近づく

自分の実力を上げる方法に、一段高い目標を掲げて、
それをクリアすると人前で公言してしまうという方法があります。
自分に嘘をついて力を引き出すのです。

次のテスト
10位以内
とるっ
おおー

みんなの前で宣言した以上、がんばるしかない

パブリック・コミットメント
▶P78

人間関係をよくする「よい嘘」がある

誰でも、自分をよく見て欲しいという願望をもっています。
嘘であってもほめられたり特別扱いを受けると、
人は元気になったり、ほめてくれた人に対して好意を抱くようになります。

相手を立てるような嘘が効果的

自分は大切にされていると感じ、ほめてくれた相手への好感度もアップ

ホーソン効果

▶P138

「いい情報」を吹き込んでおいてもらう

嘘でもいいから「ルックスが○○に似ている」「スタイルをよくほめられる」など、
容姿に関するいい情報を与えておくことは効果的です。
人はいったん先入観をもつと実際に会ったときにも、その印象をもちやすくなるのです。

前もっていい印象を植えつけておくと、時間がたつにつれてその情報が強く記憶に残るようになる

スリーパー効果

▶P178

PART 1

人はこうして嘘をつくようになる

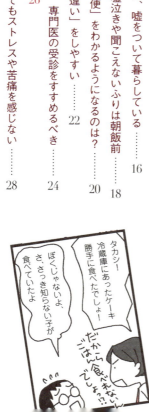

CONTENTS

PART 2

世の中は嘘であふれている……33～64

ん？
オレが
どうかしたの？
え!?
あ？

CONTENTS

PART 5 深層心理に潜む嘘の見抜き方……97〜112

PART 6 脳は嘘をつく……113〜128

PART 7

嘘がとりもつ人間関係の心理……129~160

このチームは今までで一番強いチームだ
普段どおりの練習をしっかりやればきっと勝てる!

PART 8 恋愛を成就させる嘘の心理テクニック……161〜184

ココロがわかる！ 心理テスト

あ！ 偶然ですね
ああ！ 昨日の…

本書は、よくあるシチュエーションマンガとともに心理学の知識をたくさん収載しています。見開き完結なので、好きなページから読んでみてください。

本書の見方

1 テーマ

そのページの大きなテーマ。気になるテーマから読めばOK！

2 マンガ

よくある行動や心理をマンガで紹介。あなたにも心当たりのあるシチュエーションが見つかるかも!?

3 解説

マンガのシーンに関連する心理学の知識を紹介しています。

4 図解

テーマの鍵となる内容をビジュアルで紹介。実際に行われた心理学実験を紹介する「ココロファイル」にもご注目！

5 プチ情報コーナー

もっともっと心理学を知りたい人のために、補足情報もたくさん集めました。

豆知識…補足情報や関連する心理学理論、テーマに関係のあるちょっとした小ネタを紹介。

使える！心理テクニック…紹介した心理学理論を日常に応用する方法。

6 WORD

重要なキーワードや心理学用語をまとめています。

PART

人はこうして嘘をつくようになる

人はなぜ嘘をつくの？　いつから嘘をつくようになるの？
平気で嘘をつく人は何を考えているの？
嘘にまつわる素朴な疑問について考えましょう。

嘘の理由 01

人が嘘をつく4つの理由

人間は365日、嘘をついて暮らしている

なぜ人は嘘をつくのか その4つの理由

嘘※をついたことがないという人はいないでしょう。それほど、人間と嘘は、切っても切れない関係にあるのです。

嘘をその目的によって分類すると、大きく①**防御**、②**背伸び**、③**欺瞞**※(ぎまん)、④**擁護**(ようご)の4つの種類があります。たとえば、寝坊して会社に遅刻をしたのに、「電車が遅れて」と言い訳をするのは、自分を守るためにつく①の防御の嘘にあたります。

また、大病をした人の見舞いに行き、相手の顔色が悪くても「思ったより元気そうですね」などと言うのは、相手を励まし、元気づけるためですので、④擁護の働きをもっていると言えます。

WORD 嘘…偽りの言葉。事実でないことを、あたかも事実であるかのように話し、だますこと。

嘘には4つの種類がある

嘘には次の4種類に分類されます。
人は、状況に応じてこれらの嘘を使い分けています。

① 防御の嘘

自分を守るための嘘。本能的についてしまうため、善悪や真偽の判断、道徳心で抑えるのは難しい。

なぜ遅れた！
体調が悪くて…
本当は寝坊

② 背伸びの嘘

自分を大きく見せようとするための嘘。恥ずかしい秘密を隠そうとするのもこれにあたる。

本当は65点
は…80点だったよ

③ 欺瞞の嘘

他人をだますことにより、自分が利益を得るための嘘。詐欺など犯罪となるものもある。

1点モノなので今しか手に入りませんよ

④ 擁護の嘘

他人をかばってつく嘘。正直であることより他人を守れると判断してつく嘘のこと。

それは私の判断で行いました
本当は僕が失敗したのに

「嘘は悪いこと」と決めつけられるものではありません。4つのなかでは詐欺などの犯罪に結び付くことも多い、③欺瞞の嘘でさえ、競争社会のなかでは自分が相手に勝つための「戦略」として認められることもあるのです。

誰かに嘘をつかれたとき、また、自分が嘘をついてしまったときなどに、①〜④のどの嘘にあたるのかを冷静に見極めてみましょう。**相手や自分の性格を知る上でも、役立つはずです。**

豆知識 日本人は嘘に甘い？

「嘘も方便」「馬鹿正直」など、日本には嘘を容認したり、正直すぎることを揶揄（やゆ）したりする言葉があります。人間関係を円滑にするなど、嘘の働きは正直さと同様に重要視されてきたことがわかります。

WORD 欺瞞…嘘を言ってだますこと。他人をだますだけでなく、自分に対して行う場合もある。

嘘の理由 02

人はいつから嘘をつくようになる？

嘘泣きや聞こえないふりは朝飯前

年齢とともに嘘も上達していく

天使のように無垢[※]な赤ちゃんでさえ、立派な嘘つきだということを知っていますか？

たとえば、泣いているけれど涙が出ていない、いわゆる**嘘泣き**は1歳になる前から覚えます。

赤ちゃんの泣き声は、本来、生きるために欠かせないものです。言葉を話せない赤ちゃんは、お腹がすいた、おしめが濡れたなどの**不快な気持ちを親に伝えるために大きな声で泣く**のです。

ですが、明らかに親の関心を引くためだけに、嘘泣きをすることもわかっています。

また、何か悪いことをして「怒られるかも」と感じると、**それとなく**

WORD 無垢…けがれがなく、純粋であること。心が清らかである様子。

子どもの嘘とその対処法

子どもの嘘に対して適切な対処をしないと、嘘がクセになってしまうこともあります。大人がきちんと教え導くことが必要です。

いい嘘(子ども特有の嘘)

●空想の嘘

「ネコと話した」などと、現実にはあり得ないことをいう。幼い子どもは空想と現実の区別がつかず、自分の想像を本当にあったことのように勘違いしてしまうことがある。

●願望の嘘

親と約束していないのに「今度おもちゃを買ってもらえる」などと友だちに話してしまう。「こうだったら」と強く願うあまり、本当だと思い込んでしまうことがある。

求められる親の態度

「嘘でしょう」「でたらめばかり言わないの」などと疑ってかからず、真面目に話を聞いてあげること。子どもの想像力を伸ばすことにもつながる。

注意が必要な嘘

●保身の嘘

叱られるのを恐れてつく嘘。自分がやった悪いことについて、知らないふりをしたり、誰かのせいにしたりするなど。

●見栄の嘘

まわりに認められたい、注意をひきたいという思いから、自分を大きく見せようとする嘘。友だちをうらやましがらせたくて、持っていないものを「持っている」と言うなど。

求められる親の態度

頭ごなしに叱りつけないこと。嘘をつくと相手に迷惑をかけたり、自分のためにならないということをきちんと説明することが大切。

親の注意をそらす行動をとったり、「聞こえないふり」をしたりすると言われています。

さらに成長とともに、空想や願望を本当にあったことのように話したり、隠しごとや自分のいたずらを誰かのせいにしたりするなど、嘘もどんどん高度になっていきます。

とはいえ、心配するには及びません。嘘は**社会的動物**※である人間にとって、重要なコミュニケーションのひとつ。**嘘を上手につけるようになったら、人間として成長した証**だと考えていいでしょう。

豆知識 嘘泣きの理由は?

嘘泣きをする赤ちゃんにも、寂しい、眠い、お腹がすいたなど、その理由がきちんとあります。どうせ嘘泣きだからと放っておかず、あやしたり適切な対応をして安心させてあげましょう。

※WORD 社会的動物…生きやすくするために、集団で社会をつくる動物のこと。人間のほか、サルや犬、ハチ、アリなども挙げられる。

嘘の理由 03

子どもの嘘と大人の嘘

子どもが「嘘も方便」をわかるようになるのは？

4歳頃になると罪悪感が芽生える

多くの人が、異なる考え方をもちながら、かかわり合っている社会では正直さが思わぬ摩擦を招くこともあります。そんな社会に適応するために、大人はさまざまな場面で、あえて嘘をつくことがあります。

一方で、子ども、特に**幼児期は本人が自覚することなく嘘をついていることが多く**、ここが大人の嘘と大きく違うところです。

たとえば3歳ぐらいでは「こうだったらいいな」と思う**空想や願望を、現実にあったことのようにしゃべる**例がよく見られます。

4歳児になると、**罰を免れるために嘘をついたり、言い逃れをしたりする**ことも出てきます。これは自分

ココロファイル❶

子どもは大人に嘘を学ぶ

実験 3歳から6歳の子ども186人をランダムに2つのグループに分け、次の2段階の経験をさせた。

1

Aグループ あらかじめ「隣の部屋にキャンディーがたくさんある」と知らせておく。その上ですぐに「キャンディーがたくさんあるのは嘘だった」と伝える。

Bグループ キャンディーについては何も聞かされない。

2

❶ おもちゃが発する音やセリフから、そのおもちゃが何というキャラクターかを当てるゲームを行う。
❷ 大人はいったん席を外すが、その際「おもちゃの音を聞きやすくするためにボリュームを上げてはいけない」と指示を与えておく。
❸ 1分半後、部屋に戻ってきた大人が、「おもちゃのボリュームを上げなかったか」と質問する。

結果

Aグループ 5歳以上の子どもの80%がボリュームを上げていた。さらに、そのうちの90%が「おもちゃのボリュームは上げていない」と嘘をついた。

Bグループ 全体の60%の子どもが音量を上げていた。そのうちの60%が「おもちゃのボリュームは上げていない」と嘘をついた。

事前に「キャンディーがある」「本当はない」と大人に嘘をつかれた子どもは、嘘をつきやすくなることがわかった。

を守るためにつく防御の嘘（▼P17）といえます。

同時に、「嘘は悪いことだ」「嘘をつくと叱られる」という**罪悪感**※も芽生えてきます。

さらに成長し小学生ぐらいになると、**大人を観察し「嘘をついてもいい場合と悪い場合がある」ことを学ぶようになります**。また、友だちの嘘をわかっていて見逃すような例も見られるようになります。こうして、子どもたちも「**嘘も方便**」を身につけていくわけです。

豆知識「嘘も方便」の意味

「方便」は仏教用語で、人々を真の教えに導くという目的を達成するための手段のことをいいます。このことから、嘘をつくことは悪いことだが、よい結果を得る手段として必要な場合があることを嘘も方便といいます。

WORD 罪悪感…自分には罪がある、悪いことをしていると感じること。とくにうつ病の人は自分に責任のないことにまで感じる傾向がある。

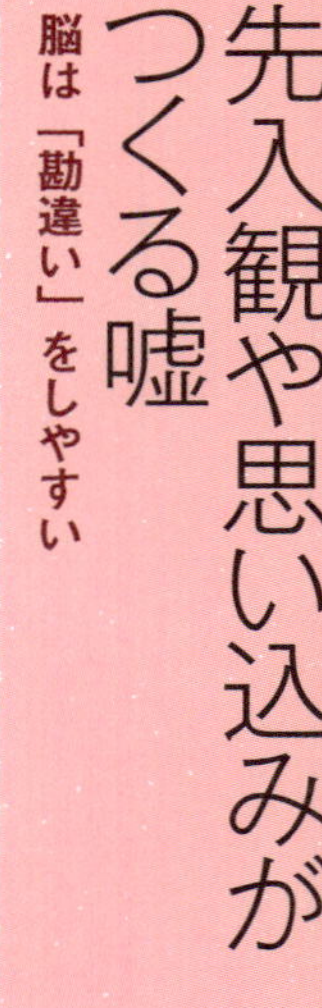

先入観や思い込みがつくる嘘

脳は「勘違い」をしやすい

記憶する際、思い出す際の二段階で嘘をつく

　ある事柄に関して、「言った」「言わない」の口論になったことはありませんか？　やっかいなのは、お互い「自分が正しく、相手が嘘をついている」と思っているところです。

　こうした事態は、**人間の記憶が不正確で、思い違いをしやすいことから起こります**が、そこにはふたつの嘘がかかわっています。

　まずは**情報を記憶する際の嘘**。人はいったん「こうだ」と思い込むと、それに当てはまるような都合のよい情報を集めようとします。このような心の働きを、**確証バイアス**※といいます。

　たとえば第一印象で「いやな人」という印象を抱いたら、以後はその

WORD 確証バイアス…自分の先入観で物事を観察し、自分に都合のいい事実ばかりを選別することで、もともと抱いていた先入観をさらに強くしてしまうこと。

脳がつくふたつの嘘

脳は記憶する際、そして思い出す際の二段階で自分自身に嘘をつきます。実際になかったことを、あたかも事実であるかのように思い込むのです。

情報を記憶する際の嘘

第一印象が悪いと…

その人のすべての行動について、マイナス面が目につく、あるいはネガティブに受け取ってしまう

記憶を思い出す際の嘘

先入観があると…

過去にさかのぼって、事実とは異なる情報に書き換えてしまう

人のいやなところばかりが目につくようになるのも、確証バイアスの働きです。

次に、**記憶を思い出す際の嘘**。たとえば何か質問をされたとき、そこに含まれる言葉によって、事実と違うイメージが引き起こされ、それに合わせて記憶をその場でつくり変えてしまうことがあるのです。

このように、人の記憶は左右されやすいので、大切なことを思い出すときには、思い込みやイメージによって**誘導**※されていないか注意する必要があります。

使える! 心理テクニック

楽しかったことは忘れない

ポジティブな記憶は残りやすいことが実証されています。たとえば「おいしい」「楽しい」など、前向きなイメージとともにとり入れると、忘れにくくなるのです。

WORD 誘導…人やものをある地点や状態に導くこと。こちらが得たい答えを相手に答えさせようとしながら質問を行うことを誘導尋問という。

嘘の理由

05

病気が原因の嘘

「嘘つき」と放っておかず、専門医の受診をすすめるべき

嘘をつき過ぎて社会生活が送れなくなる

ときどき、常識では考えられないほど嘘をつく人がいます。必要がない嘘をついたり、言うことのほとんどすべてが嘘だったり…。このような嘘は病気が原因かもしれません。

たとえば、**記憶障害**や**見当識障害**（周囲の状況が理解できなくなる）などが原因の「**コルサコフ症候群**」は、昨日のことが思い出せなかったり、自分がどこにいるかわからなくなったりします。記憶の一部が抜け落ち、それを補おうとしてつくり話（**作話**）をしますが、本人は嘘をついている自覚はありません。

また、**パーソナリティ障害**（▶P27）も、嘘をつくのが特徴です。なかでも**演技性パーソナリティ障害**※は

WORD 演技性パーソナリティ障害…あたかも演技をしているように目立つ行動をとったり、他者の注目を集めるような派手な外見にしたりするなどの精神疾患。

嘘をつく症状があるおもな病気

何の迷いもなく次々と嘘をつき続ける場合、
病気が原因になっている場合もあります。

コルサコフ症候群

脳の機能障害によって起こる。ものが覚えられない、記憶を思い出せない、時間や空間の認識ができなくなる、抜け落ちた記憶でつじつまを合わせようとしてつくり話をする、という4つの症状が特徴。近年ではアルコール依存症が原因の場合が多い。

なぜ来なかったの？

急に病院に行かなければならなくなって…
約束してたっけ？

演技性パーソナリティ障害

俳優の●●とは飲み友だちで…
前に一度見かけたことがある

他人から注目されたい、関心をもたれたいという欲求が強く、人目をひくために芝居がかった大げさな行動をとったり、嘘をついたりする。表面上は明るくふるまっていても、不安感、傷つきやすさを抱えている場合が多い。

反社会性パーソナリティ障害

「反社会性」が特徴。自分の利益や自己保全のために平気で嘘をつく傾向がある。ルールや法律を守らないことも多く、そのことに対して罪の意識をもたない。また、結果を考えず、衝動的に行動しやすい傾向がある。

事故の原因はあなたにあります

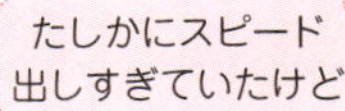

たしかにスピード出しすぎていたけど

他者から注目されたいという**喝采願望**（▼P35）が過剰に強く、自分を大きく見せたり、注意をひくような嘘をついたりします。また、**反社会性パーソナリティ障害**では、自分を守ろうとする**自己保全**から嘘をつき、ときには社会のルールや法を破ってしまうこともあります。

「嘘つきだからしかたがない」と放っておくと、いつか、まわりをトラブルに巻き込むことにもなりかねません。そういう人が身近にいたら、専門医の受診を勧めたほうがいいでしょう。

豆知識 認知症の嘘

嘘や作話は認知症の症状でもあります。「今日はご飯を食べていない」などと言うのも症状のひとつ。病気のせいなので怒ったりせず、ひとまず受け止めてあげることが大切です。

WORD 反社会性パーソナリティ障害…衝動的で向こう見ずな行動をとる。ルールや法律を破ることに対し、罪の意識を感じにくい傾向がある。

嘘をつくことをやめられない
病的虚言

前項で病気が原因の嘘についてふれましたが、嘘つきと思われている人、ひっきりなしに嘘をつく人の中には「病的虚言」の人も少なくありません。

病的虚言とは?

嘘は日常生活につきものです。ところが、必要もないのに嘘をついたり、四六時中、嘘をつくなど、その程度が過ぎ、日常生活に支障を来すようになると、「病的虚言」と診断される場合があります。ここでは、おもな病的虚言の特徴やチェック方法などについてご紹介します。

病的虚言 1 依存症

アルコール依存度を確認する

CAGE(ケージ)テスト※

アルコール依存(依存症)であるかどうかはCAGEテストで簡単に確認できます。次の質問に答えてください。

1 今までにお酒を飲む量を減らさないといけないと思ったことがありますか? □

2 今までに飲酒を責められ、腹が立ったり、イライラしたりしたことがありますか? □

3 今までに飲酒をうしろめたく思ったり、罪悪感を抱いたりしたことはありますか? □

4 今までに朝酒や迎え酒をしたことがありますか? □

4項目のうち1項目でもあてはまれば依存、2項目あてはまれば依存症のおそれが強いといわれています。

依存とは嗜癖(しへき)(アディクション)ともいい、特定の行動や対象、刺激(例:アルコール、薬物、ギャンブルなど)が欲しくていてもたってもいられなくなる精神状態をいいます。依存度が高くなるにつれ、単なる「依存」から「依存症」と診断されますが、何かに依存している人は、それを得るためためなら、家族やまわりの人にちゅうちょなく嘘をつきます。

※CAGEテストとは、上の4つの質問で尋ねているもの〔1.減酒(Cut down)の必要性、2.他者からの批判の煩わしさ(Annoyed)、3.飲酒の罪悪感(Guilty)、4.朝の迎え酒(Eye-opener)〕の頭文字を並べたものです。

病的虚言 2 パーソナリティ障害

パーソナリティ障害とは、その人の考え方や行動パターンが大多数の人とは違うために、本人が苦しんだり、まわりの人が困ってしまうような状態に陥る精神疾患のこと。衝動的な言動に走ったり、平気で嘘をつくなどの行動が見られます。

前項でふれた「演技性パーソナリティ障害」や「反社会性パーソナリティ障害」は代表的なパーソナリティ障害ですが、それ以外にも次のようなものがあります。

妄想型 パーソナリティ障害

根拠もなく自分が他人に利用されたり、他人から危害を加えられたりすると思っている。

自己愛性 パーソナリティ障害

自分がいつも中心にいないと我慢できない。また、他者に共感する気持ちも乏しい。

境界性 パーソナリティ障害

人からの評価を気にしすぎる。見捨てられるのを恐れて、すぐにバレる嘘を口にする。

回避性 パーソナリティ障害

人から笑われたり、仲間外れにされたりすることを恐れ、社会的な交流を避けようとする。

病的虚言 3 ミュンヒハウゼン症候群

ミュンヒハウゼン症候群は、ほらふきとして知られ、童話『ほらふき男爵の冒険』のモデルにもなったドイツの貴族、ミュンヒハウゼン男爵にちなんでつけられた病名です。身分や経歴をいつわって自分を立派な人物に見せたり、病人を演じて、まわりの同情をかったりします。悪化すると自傷行為など、深刻な状態に陥ることもあります。

- 周囲の関心や同情を求め、病気を装ったり、自傷行為に走ったりする
- 病気を重症と見せかけるために、検査結果に手を加えるなどの偽装行為をすることもある
- 独特な世界観による作話（つくり話）を行う
- 満足のいく診断が得られないため、次々に病院を変える

嘘をつくのが平気な人の心理

嘘をついてもストレスや苦痛を感じない

営業部の斉藤さん次の課長候補なんですよね。
スゴイよね♪
うーーん…
裏ではいろいろとやってたみたい
え？
前任の課長が降ろされたのは斉藤さんが自分のミスをなすりつけたからだって
他の課長候補の坂本さんだって斉藤さんが企画を奪ったっていうし…
そういう人許せません!!
うん!!
坂本さん気のどく
先輩みたいにまっすぐな人についていきたいです！
わたしもっ!!
フフフ…
これで斉藤さんの信用もガタ落ちね
全部デタラメだけど

自分の利益を最優先する

世の中には病気でなくても、平気で嘘をつく人がいます。そういう人は、自分がついた嘘によって何かしらの不利益を被らない限り、嘘を重ねてもストレスや苦痛を感じず、もちろん良心の呵責もありません。

嘘をつくのが平気な人には3つのタイプがあります。第一に積極的に嘘をついて相手や周囲をだまそうとする**詐欺師タイプ**、第二に日常生活そのものが、やや芝居がかっている**演技性タイプ**、第三に自分自身にしか関心がなく、力や威信、賞賛を手に入れるためなら、容易に嘘をつく**自己愛（ナルシシズム）※タイプ**です。

詐欺師タイプは金銭的な利益やメリットを得るために嘘をつきます。

WORD ナルシシズム…ギリシャ神話に登場する、自分の姿を眺めつづけてスイセンになった若者ナルキッサスの話に由来する。自分に恋し、自分に最上の価値を置く状態をいう。

自己愛が強すぎる人の特徴

自分のことが大好きなのがナルシストですが、その傾向が強くなりすぎると、自分にしか興味がもてず、「自分が特別な存在である」ことをまわりに示そうとして平気で嘘をつくようになります。

- □ 自分は優れていて、特別な存在だと思う
- □ 自分が華々しく成功するという空想をよくする
- □ 自分の個性をわかってくれるのは、一部の地位の高い人たちだけで、自分はそうした人たちと関係すべきだと強く思う
- □ 自分はもっと高く評価されて当然だと思う
- □ 特別視してほしいと思う
- □ 目的を達成するためなら、他人を利用してもよいと思う
- □ よく他人に嫉妬する、または他人が自分に嫉妬していると思うことがある
- □ 傲慢だとかわがままだとよく言われる

以上のうち、あてはまるものをチェックしましょう。５つ以上あてはまる人はナルシストの傾向が強いといえます。

高い知性の持ち主であることが多く、仕事に関しても有能で、嘘を見抜かれにくいという特徴があります。

演技性タイプには自分が中心にいないと我慢がならず、話を誇張したり、つくり話をしたりする**自己中心的なタイプ**と、人に好かれたいあまり、他人の目を意識しすぎて、できないことまで安請けあいする**意志薄弱なタイプ**があります。

自己愛タイプは**とにかく自分が大事**で特別視されることが大好き。そのためなら嘘をつくことなど当然だと考えています（上図）。

豆知識　意志薄弱の嘘はバレやすい

意志薄弱なタイプの嘘は、その場しのぎであることが多く、バレやすいといえます。ただ、そのことで反省したりはせず、その後も同じように簡単にバレる嘘をつき続けます。

嘘の理由 07

普通の人が平気で嘘をつくとき

嘘をつかないことより、自分の目標や価値観が大事

罪悪感を抱かない普通の人の嘘

病気ではなく、いわゆる「平気で嘘をつく人」でもない普通の人が、**罪悪感**（▼P21）なしに嘘をつくことはよくあります。**自分の目標や価値観を大事にするとき、人は正直であることよりも目標達成や価値観の維持を優先しやすいため**です。

ドイツの教育学者・心理学者**シュプランガー**は「どういう価値観を大事にしているか」によって、性格を**理論志向型、経済志向型、審美志向型、宗教志向型、権力志向型、社会志向型**の6つに分類しました。なかでも経済指向型、審美志向型、宗教志向型、権力志向型のタイプは、自分が大切にする価値観を守るためなら、平気で嘘をつきます。

６つの性格類型と嘘の関係

シュプランガーの６つの性格類型は「何を大切に思うか」を基準に分類されています。その大切なものを守ろうとするとき、普通の人でも「平気で嘘をつく人」になるのです。

理論志向型

合理的

知識に価値を見い出すタイプ。論理的かつ合理的であることに価値をおくため、嘘を嫌う傾向がある。逆に、正直すぎて温かみに欠けていると受け取られることがある。

経済志向型

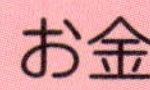

財産の獲得に重きをおくタイプ。物事の価値や人物評価も、お金のあるなしで判断することが多く、実利的。利益を得るためなら嘘をつくことをためらわない。

審美志向型

「美しさ」など、感覚的なものに価値を見出すタイプ。実生活や現実的なものへの関心が低く、美しいものを守るため、美しさを追求するためなら平気で嘘をつくことも。

宗教志向型

無垢であることがよいことであり、快楽を追い求めることは悪だと思うタイプ。他人にも自分の考えを押し付けがちで、自分の考えに共感してもらうためなら嘘をつく。

権力志向型

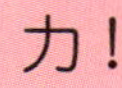

権力を得たり他人を支配したりすることに大きな喜びを感じるタイプ。権力を獲得・維持するための手段として嘘をつき、場合によっては他人を利用することもある。

社会志向型

嘘も方便

他人や社会の福祉に価値をおくタイプ。社会に役立つことや困っている人や苦しんでいる人を助けるためであれば、「嘘も方便」と割り切って嘘をつく。

たとえば、経済志向型の人は**利益が得られると思えばさほど抵抗なく嘘をつきます**し、審美志向型の人は美しさや感性などに価値に重きを置いているので、**美を追求するためなら真偽にこだわりません**。

宗教志向型の人は救済に力を入れるため、「社会不安が増す」「これで病気が治る」など予言めいたことを話しがちになり、権力志向型の人は**権力を獲得・維持するためなら、嘘やつくり話を利用しがち**です。

豆知識 **理論志向型と社会志向型**

理論志向型の人は、物事を客観的・合理的に理解しようとするので、比較的、嘘を嫌う傾向があります。また、社会志向型の人は、困っている人や苦しんでいる人を助けるためであれば、「嘘も方便」と、ちゅうちょなく嘘をつくことがあります。

ココロがわかる！　心理テスト 1

森に咲く花の魅力

Q 以下の質問の答えを選んでください。

あなたは、ある森を探険しています。そこには誰もが魅了されてしまうという、世界にたったひとつの花があるというのです。ところが、その花はその魅力でおびき寄せた獲物を、大きな口で食べてしまう花だったのです。その花はどんな魅力で人を惹きつけると思いますか？

A 香りでおびき寄せる

B その人が大好きな人の声を真似る

C 近寄ってくるのをじっと待つ

D 蝶を使っておびき寄せる

E 歌を歌っておびき寄せる

解説➡P185

PART

世の中は
嘘であふれている

尊敬されたい、相手の気をひきたい、人に合わせるため、
とっさの言い訳でつい嘘を…などなど、
人が嘘をつく心理を見ていきます。

嘘をつく心理

01

尊敬されたくて嘘をつく

「喝采されたい願望」は誰にでもある

尊敬される快感で嘘がエスカレート

人は大なり小なり、他人からほめられたいと思っています。お酒の席などで「学生時代はミスキャンパスだった」「ラグビー部の花形選手だった」などと得意気に話したり、地位や役職を実際より高めにいったりするのは、みんなにほめそやされたいという※**自己顕示欲**の表れです。

自己顕示欲自体は悪いことではありませんが、強すぎると※**喝采願望**が生まれます。喝采願望が強い人はほめられたり自分の話を熱心に聞いてもらったりすると、大きな喜びを感じます。

その反面、無視されたり低い評価しか得られないとひどく落ち込むため、**喝采願望を満足させるためにま**

WORD 自己顕示欲…自分のことをより多くの人や社会に対してアピールしたいという欲求。程度の違いはあるが、誰にでもある人間の自然な欲求のひとつ。

喝采願望が強い人の特徴

喝采願望は誰しもがもっていますが、とくに強い人は、以下のような特徴が見られます。

自己中心的

- 人の好き嫌いが激しい
- わがままで、自分本位の考え方をする
- 他人をあてにし、寄りかかろうとする気持ちが強い

自分には能力がある

失敗したのは上司が注意してくれなかったからだ

自分が一番でありたい

- 自分を実際以上に見せようとする
- 悔しがり屋で、負けず嫌い
- 自分がみんなにもてはやされないと面白くない
- 友人や知人が成功すると、それをねたましく思う

なんであいつが

流行に敏感で華やかな印象がある

- 話のしかたが大げさで、事実を誇張して話す
- 自分より優位にある人の意見には流され やすく、流行に敏感
- 華やかで社交的な人という印象を与える

ステキ！

センスいいですね

わりの関心を引こうとして言動が大げさになり、場合によっては嘘をついてでも注目を集めようとします。

喝采願望が強くなりすぎて、常習的に嘘をつくようになったら要注意。目立ちたがりの人、話を盛ってしまいがちな人は、冷静になって嘘がバレたときのデメリットについて考える癖をつけましょう。一時的にもてはやされることよりも、継続的な評価が得られるような方向にかじをとるべきです。

豆知識 リーダー向きの喝采願望

喝采願望が強い人はリーダーや芸能人、スポーツ選手向きの性格だといえます。普通の人はスポットライトがあたると大きなプレッシャーがかかり、なかなか力を発揮できませんが、喝采願望が強い人は大舞台になればなるほど力を発揮するのです。

WORD 喝采願望…他者からほめそやされたい、尊敬されたいといった強い気持ち。

嘘をつく心理

02

妬まれるのがイヤで嘘をつく

嫉妬され、足を引っ張られることへの自己防衛の嘘

注目されるのがイヤでダメな自分を装う(よそお)う

喝采願望が強い人とは反対に、まわりからほめそやされたり、注目されることを嫌い、**自分の成績や地位、能力、容姿・外見などを実際より低く見せようとする**人もいます。とくに日本人は、成功したことをまわりにアピールすることを好まない傾向があるといわれます。これを**成功回避動機**※といいます。

アメリカの心理学者**ホーナー**は、医学部でよい成績をおさめた学生に、試験でよい点が取れた理由は何かを尋ねるアンケートを実施しました。すると、回答した学生のうち、女子学生の多くが、しっかり勉強していたという事実を話さず「運がよかった」「学習したところがたまたま出

WORD 成功回避動機…成功していると思われると、人から妬まれたり足を引っ張られたりするのではないかと無意識に思い、成功することを回避しようとすること。

ココロファイル❷

成功回避型は集団生活が得意

実験　アメリカの心理学者ムーサとローチは、女子高校生を対象に次の質問をした。

❶ 自分の外見は、クラスのなかで上だと思うか、平均的か、下だと思うか

❷ 自分は、今のクラスに適応できていると思うか（高校生活をエンジョイできているかどうか）

次に、生徒らを❶の質問で外見をクラスメートより上と思っているグループ、平均的だと思っているグループ、下だと思っているグループの３グループに分け、それぞれのグループと❷のクラスへの適応度（上・中・下）との関係を調べた。

結果　自分を美人と認めている人よりも、「自分は平均的」「それほど美人ではない」と（実際の見た目は関係なく）、自己評価している人のほうが、高校生活をエンジョイしていた。
成功回避動機が人との摩擦を避けるのに上手く作用していると考えられる。

題された」などと回答していました。

ホーナーは、その理由を「女性は控え目なほうが男性に好かれるという価値観を植えつけられているため」としましたが、日本では男女を問わず成功回避型の人が多く見受けられるので、**性別よりも置かれている環境が影響する**と考えられます。

ダメな自分を装うのは、人より目立って嫉妬されたり、足を引っ張られるのを嫌う心理が働くからです。ただ、**成功回避動機を持った人は集団生活が得意**だという実験もあります（上図）。

豆知識　成績優秀は嫌われる？

成績が優秀であることは、人から妬まれやすい特徴（ヴァルネラビリティー＝被虐性）のひとつ。そのことをアピールすると、学校や職場で孤立することも考えられます。

嘘をつく心理
03

相手の気をひきたくて嘘をつく

上手に相手の関心をひけば、人間関係が円滑になる

黒川さん、絵がお上手なんですって？私は全然ダメで
スゴイです～
そんな♪

原田さん、お料理がお得意なんですってね
今度、ぜひ教えてください
いつでも～

野村さん、スタイルがよくて本当にうらやましいわ！私もランニングはじめようかしら
ステキ♪

ただいま～
おかえり
お茶～
ふぅ～

自分で勝手に飲んで！
オレには厳しいのね…

無意識のうちに人の気をひこうとする

成功回避動機（▼P36）が強くなりすぎると、人は自分の本心を偽ってでも相手に気に入ってもらいたいと、調子を合わせるようになります。これを**迎合行動**※といいます。

この迎合行動も、本心では思っていないにもかかわらず、尊敬したり好意があるかのように見せかけているわけですから、相手やまわりの人を欺く(あざむ)く嘘のひとつだといえます。

迎合行動には、ほめたりお世辞をいったりする「**賛辞**」や、自らへりくだる「**卑下**」、相手に賛同する「**同調**」や、便宜をはかる「**親切**」などがあります。

人は、普通に暮らしていれば日常的に何らかのかたちで迎合している

WORD 迎合行動…自分の意志や考えを曲げてでも、相手の好意を得ようと調子を合わせること。

気をひこうとする迎合行動のあれこれ

相手に好かれようとするさまざまな手段のことを、迎合行動と言います。
意識的なものだけでなく、自分では気づいていない場合もあります。

賛辞

ナイスショット！
さすが部長です
その服
すてき！
センスが
いいね

相手の自尊心をくすぐるために、ほめたりお世辞を言ったりする。

卑下

先輩に比べれば
私なんて
かすんで
しまいます
私など
まだまだ
です

自分からへり下り、相対的に相手のことをもち上げる。

同調

部長が好きな
ゴルフを
始めました
私も同じ
意見です

相手の意見に賛同したり、同じ行動をとったりする。

親切

甘いもの
お好きですよね
どうぞ
手伝い
ましょうか？

相手の行動を気にかけ、いろいろと便宜をはかる。

ものです。嘘も上手に使えば「方便」（目的を達成するための手段▼P21）というように、**迎合行動も上手に活用すれば、便利な処世術になります**。

とはいえ、やり過ぎると**ゴマすり**などと呼ばれ、あまりいい印象をもってもらえません。また、**自分の本心に反する言葉や行動を続けるとストレスがたまる**ので注意が必要です。自身の負担にならない程度にうまく取り入れ、人間関係を円滑にすることに役立てましょう。

豆知識　笑顔も迎合行動のひとつ？

笑顔も、人間関係を円滑にするための迎合行動の一種です。ただし、愛想笑いは口元が笑っていても目がおどおどしていたり頬がこわばっていたりして、案外バレやすいもの。うまく活用しましょう。

嘘をつく心理 04

その場を取り繕うために嘘をつく

罪悪感、劣等感から逃れたい

その場しのぎの嘘は自分の首をしめる

遅刻して焦っているときに相手から電話がかかってきて、実際にはまだかかりそうなのに「もう少しで着きます」などと言ってしまったことはありませんか？　また、自分の知らない話題をふられたとき、知ったかぶりをして話を合わせることなども、よくあります。こうした嘘にはどんな心理があるのでしょうか。

その場しのぎの嘘をついてしまうのは、**逃避**（▼P54）の心理が働くため。自分にとって都合の悪い状況から早く逃げ出したいという思いに駆られ、その場を取り繕おうとします。背景にあるのは**罪悪感**（▼P21）と**劣等感**※です。とくに、劣等感が強い人ほど「相手から責められている」

※WORD　劣等感…自分は他人に比べて劣っていると思う気持ち。

場を取り繕うための嘘あれこれ

人はその場しのぎのためにさまざまな嘘をつきます。
なかには人間関係に影響を及ぼしかねない嘘もあるので注意しましょう。

催促に反発する嘘

人は催促されると、行動を選択する自由をおびやかされたと感じ、自由を取り戻そうと反対の行動をとってしまうことがある。

宿題
やったの？
今やるところ
だったのに
気がそがれた

世間話の嘘

場に合わせるため、とりあえず賛成意見を述べる。あたりさわりのない話が多いので、実害は少ない。

ミスを小さく見せる嘘

仕事でミスをした際には、自分の立場を守るためにミスを隠したり、できるだけ小さく見せたりする。女性より男性に多いという研究結果がある。

儀礼上の嘘

思っていなくても、相手の気分を損ねないよう、肯定的な意見を述べる。

髪型
変えたんだけど、
どう？
よく
お似合い
です

と感じやすく、とりあえず思い浮かんだ下手な嘘をついてしまいます。

しかし、こうしたことを繰り返していると嘘が日常的になっていき、自分のためになりません。困難な状況に、正面から立ち向かうことができなくなってしまいます。

遅刻したなら、謝って正確な到着時刻を知らせたほうが相手をイライラさせずにすみます。わからないことは、その場で聞けばよいのです。嘘で取り繕おうとせず、ひとつずつ問題を解決させて、自信をもてるように努力すべきでしょう。

使える！心理テクニック

知ったかぶりは逆効果

「知ったかぶり」をするくらいなら、「知らないふり」をするほうがコミュニケーションに役立ちます。人は、「それ、知っている」という人より「知らなかった、教えて」と聞いてくる人に好感をもちやすいのです。

嘘をつく心理 **05**

「記憶にございません」というのは嘘？ 本当？

政治家が使う定番の「言い訳」は通用するのか

今週末はおうちのお手伝いするって言ってたでしょ
そんなこと言ったっけ
いってきまーす
1時間テレビを見たら勉強するって言ったでしょ
さあ？ 覚えてませ〜ん
ピッピッ
今度、テストの点が悪かったらマンガ捨てるって約束したわよね
記憶にございません
ねぇ〜〜 にんじん嫌いって言ったでしょ
あとピーマンも
記憶にございません！

何の前触れもなく忘れてしまう

「**記憶にございません**」というフレーズは、政治家が追求を逃れるためなどに使う言葉として有名です。普通は「そんなわけないだろう」と突っ込みを入れたくなりますが、実は本当に記憶がなくなってしまう病気も存在します。

それらの病気のうち、**一過性全健忘**※と呼ばれる症状では、突然何の前触れもなく、今起こったことを忘れてしまいます。たいていの場合は24時間以内に元に戻りますが、その間、新しいことも覚えられないため、同じ質問を繰り返すなど、混乱状態に陥ります。これは脳の血流障害によって起こるとされ、常時ストレスを抱えている人がなりやすいことや、

WORD 健忘…記憶障害の一種。特定の出来事や一定期間の記憶を忘れるもの。物忘れから記憶喪失まで、さまざまな病態、症状がある。

一過性全健忘の特徴

中高年に発症することが多い一過性全健忘。以下のような症状が特徴的です。

- 発症前の数日～数か月前にした行動を思い出せない
- 突発的に記憶が失われる
- 症状が数時間続くケースが多い
- 症状が続いている間に起きた出来事は記憶できない
- 睡眠をとって起きると回復する
- 回復すると記憶の機能は戻る
- 意識や知識・判断力はいつもと変わらない
- 後遺症はない

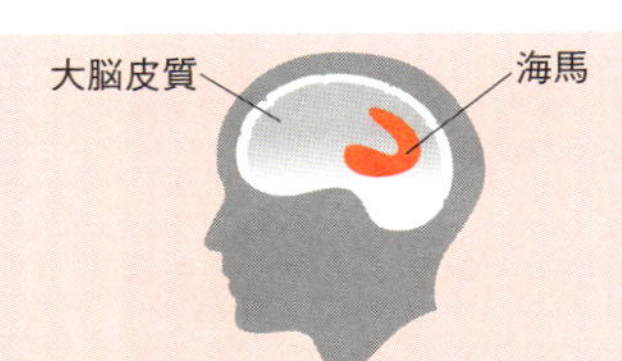

なぜ起こる？

脳の記憶に関係する器官である「海馬（かいば）」の血流が一時的に悪くなって発症するといわれている。ストレス、軽い脳卒中、頭の外傷、精神的なショック、初期のアルツハイマー病など、さまざまな原因が考えられる。記憶の機能は元に戻るため、積極的に治療しないケースが多いが、病気が背景にある場合もあるので検査をすることが望ましい。

海馬は脳の中にあるタツノオトシゴのような形をしている器官。脳に入ってくるさまざまな情報はいったん海馬に送られ、整理されたのちに大脳皮質にためられていく。

アルツハイマー病と関連があることなどが知られています。

また、こうした疾患とは別に、自分でついた嘘を本当だと信じ込んでしまう場合があります。「自分の責任ではない」と言い続けるうちに**自己暗示**※がかかり、心から信じてしまうのです。こうなると、もはや嘘をついているという自覚はありません。「記憶にない」と言う政治家が、このような病気や自己暗示にかかっているとは考えにくいとしても、その言い訳が完全に嘘であると決めつけることもできないのです。

豆知識 政治家の嘘は似ている

政治家の嘘は、だいたい「記憶にない」か「秘書がやった」というフレーズに集約されます。政治家の忘れたふりや秘書に責任を転嫁する行為には、強い自己保身の心理が働いています。

WORD 自己暗示…自分で自分の思考や行動などを誘導すること。自分に暗示をかけ、それが事実であるかのように思ってしまうこと。

嘘をつく心理 06

からだが弱いことをアピールする理由

同情してほしい、かまってほしい心理

病気を訴えて周囲の注意をひく

「低血圧」「貧血」など、**からだが弱いことを強調する人**や、聞いてもいないのに「40度の高熱が出て」などと病気の症状をことさらに言い立てる人は珍しくありません。

たとえ本当だとしても、顔を合わせるたびに病弱さをアピールされるとうんざりしてしまいます。また、「仕事を怠けるためでは」と勘ぐりたくなることもあるでしょう。実際、ラクをするための処世術にしている人もいるかもしれません。

このような、**か弱さを自慢する心理**の背景には、いくつかの理由が考えられますが、主なものとして**注目されたいという願望が「弱さ」のアピールに転じてしまう**ことが挙げら

WORD 承認欲求…他人から認められたいという気持ちのこと。人間が持つ基本的な欲求のひとつ。

病気を自慢する心理

からだの弱さや病気の自慢をする人の心理としては、
以下のようなものが挙げられます。

承認欲求が強い

他者に認めてもらいたいという承認欲求のひとつ。他者に蔑(さげす)まれることで自分を他者より下に置き、弱者を装ってまわりから保護されようとする。

逃避したい

目の前にある辛い現実から逃れるための手段として、病気になる。最初は仮病のつもりが、自己暗示によって本当にからだに不調が起きてくる場合も多い。

病気利得を得たい

病気利得とは、わかりやすく言えば「病気だから、多目にみてほしい」という気持ちのこと。まわりに自分の弱い部分をアピールすることで、有利な立場を得ようと考えている。

自己正当化

勉強や仕事の成績が思わしくないことを「体調が悪いせい」と自分や周囲に言い訳できるよう、あらかじめ予防線を張っている。

虚偽性障害

嘘の病状を訴える精神疾患の一種。病人として医師や看護師に大切にされたいという思いが強い。症状を否定されると、別の病院へ移ったりすることもある。

れます。弱者を装ってまわりの気を引き、保護してもらうことが目的ですが、これは**承認欲求**のなかの**下位承認**と呼ばれる心理です。

こうした思いが強くなりすぎると、不要な薬を飲んだりしてあえて病気の症状をつくるようになります。これは**虚偽性障害**といって精神的な疾患である可能性が高くなります。

そのほか、「自分は特別だ」という気持ちの強い人が「他の人とは違う自分」を演出するために、からだが弱いふりをすることもあります。

豆知識 病弱美人はモテていた?

一昔前は、「佳人薄命(かじんはくめい)」と言われ、弱い女性は魅力的という考えがあり、病弱を装うということがありました。「草食男子」も現れた今では、か弱さで女性の魅力はアピールできないようですが…。

WORD 下位承認…自分を他者より下に置く行為。それらの行為により責任を放棄したり、他者に依存し保護されたいという欲求を満たしたりする。承認欲求のひとつ。

嘘をつく心理 07

突拍子もない嘘をつく人の心理

辛い日常から逃避して空想の世界にのめり込む

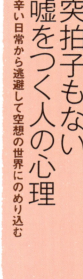

最近、へんな車がついてくるの

えっ、それってストーカー?

親に話しても、偶然、帰る方向が同じだっていって信じてくれないの

警察に言ったほうがいいよ

1と3と7がつく日に必ず現れるの

13日 17日 23日 …

?

ん?

しかも…私に気付かれないために車を変えるの。白が多いけど、シルバーになったり…

…

あとね…電車に乗ってもみんなが私のことを見てるし、会社でもみんな私の悪口を言って…

…

お医者さんに診てもらう?

現実と空想の区別がつかなくなる

4月1日の**エイプリルフール**は、嘘をついてもよい日とされています。この日ばかりは、大げさな話をしても、「嘘つき」と怒られることはありません。しかし、日頃から現実にあり得ないこと、たとえば「宇宙人にさらわれた」などと真顔で話す人がいたら、**空想癖**※が病的な状態になっていると考えられます。

空想は誰でもします。ストレス解消のための手段のひとつでもあり、「もし、宝くじが当たったら…」と空想しているうちにその気になり、当選後のお金の使い方まであれこれ考えてしまった、なんてケースはよくあることです。

ところが、なかには**現実が辛くて**

WORD 空想癖…現実には存在しないことを、絶えずあれこれ思い描いていること。注意が散漫になったり作業が中断したりして、日常生活に支障が出ることもある。

突拍子もない嘘をつく「統合失調症」

空想が過ぎて突拍子もないことを言い出す人は、統合失調症の可能性があります。

統合失調症に多い妄想

迫害妄想

「街に敵が潜んでいて自分を襲おうとしている」など、だれかが自分に危害を加えるのではないか、という妄想。

私に危害を加えようとしている

関係妄想

子どもの笑い声を聞いて「自分を笑いものにしている」と考えるなど、関係のないことを自分と結びつける妄想。

私のことを笑ってバカにしている

注察妄想

「誰かが自分のことを監視している」など、常に見られているかのように感じる妄想。

国家に監視されている

キョロ キョロ

追跡妄想

「スパイに尾行されている」など、何者かに追跡されていると思い込む妄想。

ある組織が私を追っている

誇大妄想

「自分はキリストの生まれ変わり」など、特別な存在だと思い込む妄想。

私が救世主だ

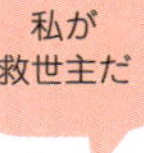

憑依妄想

「自分に何かがとりついて、操っている」と思い込む妄想。

私の中のもうひとりの私が悪事を働いている

空想の世界に逃避しているうちに、自分が思い描いていた空想にのめり込み、現実との区別がつかなくなってしまう人もいます。切れ目なくひっきりなしに空想し続けたり、現実を忘れるほどに空想にのめり込むようになると、精神的な病気の可能性もあります。

たとえば**統合失調症**※では、「他者が自分を攻撃している」という被害妄想や「自分は神だ」といった誇大妄想が症状として表れるため、放っておくと人間関係を壊したり、まともな社会生活が営めなくなります。

豆知識 空想を抑えるには

空想にのめり込みがちな人は、頭の中で描いている空想を、文章や絵などで表現するとよいでしょう。空想と現実の区別が明確になり、空想をコントロールできるようになります。

※WORD 総合失調症…精神障害のひとつ。「見張られている」「頭の中で声がする」などの妄想や幻覚にとらわれるようになり、人間関係や社会生活がうまくいかなくなることもある。

自分に対しても嘘をつく?
わが身を守る「防衛機制」の嘘

嘘は、他人につくものだという先入観がありますが、
私たちは自分にも嘘をついています。
その「自分につく嘘」は多くの場合、自分の身を守るためについている嘘です。

自分を守る「防衛機制」とは

人は、嫌なことや辛いことに直面すると、それらから自分の身を守ろうとします。そのときの心の働きを「防衛機制」といいます。防衛機制にはさまざまな種類がありますが、嘘をつくことで身を守るものには、主に次のようなものがあります。

抑圧の嘘

自分に不安や苦痛をもたらす出来事や願望、考えを忘れてしまった、あるいは、あたかも感じていないように思い込むこと。

例▶ 事故現場を目撃したなど、思い出したくない体験を忘れてしまう。

反動形成の嘘

抑圧されている欲求が実際の行動に表れないように、本来の自分の感情や思っていることと正反対の行動をとってしまうこと。

例▶ 本心では嫌っている上司に対し、ゴマをすったり進んで言いなりになったりする。

置き換えの嘘

自分の抑圧された気持ちや考えを、本来のものとは別の対象に置き換えて、それにぶつけることで満足すること。

上司に対する不満や怒りを、本人にはぶつけられず、部下に八つ当たりする。

否認の嘘

受け入れたくない事実や、自分にとって辛い体験、願望を認めないこと。

例▶ 「彼女が自分を嫌いと言ったのは本心ではない」などと思い込む。

合理化の嘘

自分に都合の悪いことや満たされない欲望などについて、なんらかの理屈をつけて自分を正当化したり、他に責任を転嫁したりすること。

内定が取れなかった企業に対し、「業績が悪いから入らなくてよかった」と思う。

投射の嘘

自分のなかにある、自分では受け入れたくない考えや感情を、他の人のものだと思うこと。

例▶ 浮気願望がある夫が「妻が浮気をしているのではないか」と疑う。

嘘をつく心理

08

流行を追う人は本当にそれをいいと思っている?

好みではないのに、人の真似をする理由

自分だけまわりと違うと不安になる

あなたは**流行**※には敏感なほうですか? 目新しいものには何にでも飛びつく人もいれば、「流行なんて自分には関係ない」と独自路線を貫く人もいます。

一番多いのがその中間で、流行がある程度広まってきた頃に、まわりにならって流行を取り入れる人です。

そもそも流行とは、**イノベーター**※と呼ばれるごく少数の先駆者から始まります。最初は多くの人が「何あれ?」「変なの」と否定的に見ていますが、流行が広まっていくうちに、ほぼ全員が真似を始めます。

では、多くの人は、「変な格好」と思っているものを、本心を偽って身に付けているのでしょうか。実は

WORD 流行…ある一定の時期に、多くの人たちが同様の新しい習慣や様式を取り入れ、それが社会一般に浸透する現象のこと。

流行の広まり方

流行はごく少数の人から始まり、
以下のような過程で全体に普及、浸透していきます。

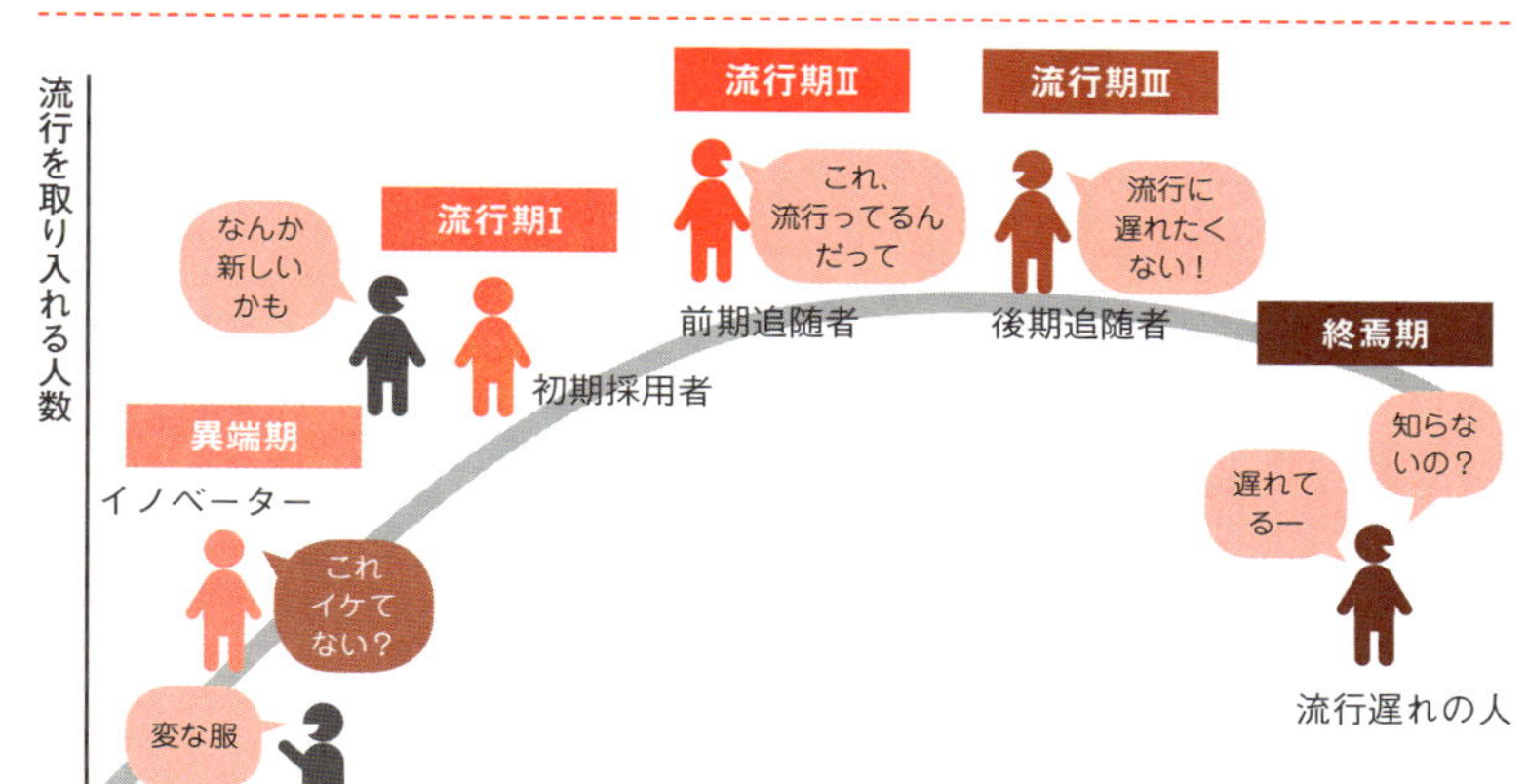

異端期	流行期Ⅰ	流行期Ⅱ	流行期Ⅲ	終焉期
流行に敏感な少数のイノベーター 流行を取り入れた人はまわりから異端視される	**初期採用者** 二番目に流行に敏感な初期採用者がイノベーターの真似をする	**前期追随者** 追随者のなかでも早い段階で流行を取り入れる人。ここで流行のピークを迎える	**後期追随者** 流行にやや遅れている人がまわりに追随し始める	流行遅れの人が流行に参加、あるいは参加しない

そうではなく、**流行る頃にはそのファッションを心から「素晴らしい」と、思うようになっている**のです。

そこには、「多くの人がよいと思っているものであれば、素晴らしいに違いない」という**思い込み**に加え、**同調**、つまり「**みんなと同じだと安心する**」心理が働いているのです。

この同調への欲求の前では、ゆるぎないと思っていた自分の本当の好みも、たやすく流行りモノに置き換えられてしまうのです。

豆知識　流行はめぐる

人は、皆と同じでありたいという気持ちと、他人とは別でありたいという気持ちの、相反する気持ちを抱えています。「流行りすたり」とは、いわばこの両者の追いかけっこによって引き起こされている現象だということができます。

WORD イノベーター…流行にもっとも敏感な、少数の革新者。流行の発信源となる。

嘘をつく心理 09

まわりの人に合わせて嘘をつく

「赤信号もみんなで渡れば怖くない」の心理

周囲が不正を行えば自分も不正をしてしまう

いつもは信号をきちんと守るのに、大勢の人が赤信号を渡っていると、ついついつられて自分も信号無視をしてしまう…誰しも一度や二度、そんな経験をしているのではないでしょうか。

いけないこととわかっていても、まわりの多くの人が不正をすればなんとなく従ってしまいがちです。これは**同調行動**※といって、**本能的にまわりに合わせる心理が働く**のです。

同調行動の影響は想像以上に大きく、たとえばある実験では、答えが誰にでもわかる簡単なクイズでも、**まわりにいる人が不正解を選択すれば、およそ3人にひとりがそれに同調して、間違った答えを選んでしま**

WORD　同調行動…集団や他者の規範や期待に沿うように、自分も同じあるいは類似した行動をとること。

ココロファイル❸

同調行動の影響力

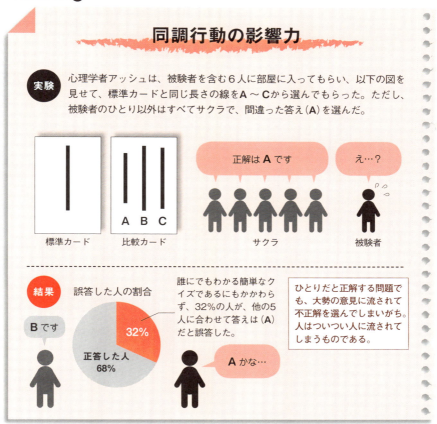

実験 心理学者アッシュは、被験者を含む６人に部屋に入ってもらい、以下の図を見せて、標準カードと同じ長さの線を**A**～**C**から選んでもらった。ただし、被験者のひとり以外はすべてサクラで、間違った答え(**A**)を選んだ。

結果 誤答した人の割合

誰にでもわかる簡単なクイズであるにもかかわらず、32%の人が、他の5人に合わせて答えは(A)だと誤答した。

ひとりだと正解する問題でも、大勢の意見に流されて不正解を選んでしまいがち。人はついつい人に流されてしまうものである。

うことが明らかになっています（上図）。正解がわかっていても、まわりに合わせるために嘘をついてしまうわけです。

流行を追ったり、行列を見ると並んでしまったりという人間の行動は、すべてまわりに合わせようとする心理から起こっています。

また同調行動は、**戦時下や大災害時といった状況では、悪質なデマや略奪行為などに発展することもあります**。こうした特徴を知っておき、安易に他者に流されない意志を持つことも大切です。

豆知識 子ども同士も同調している

同調行動は子どもにより強く表れます。そもそも、真似をしながら成長するのが子ども。また、子どもの世界は狭いため、孤立することへの恐怖心が強いのです。

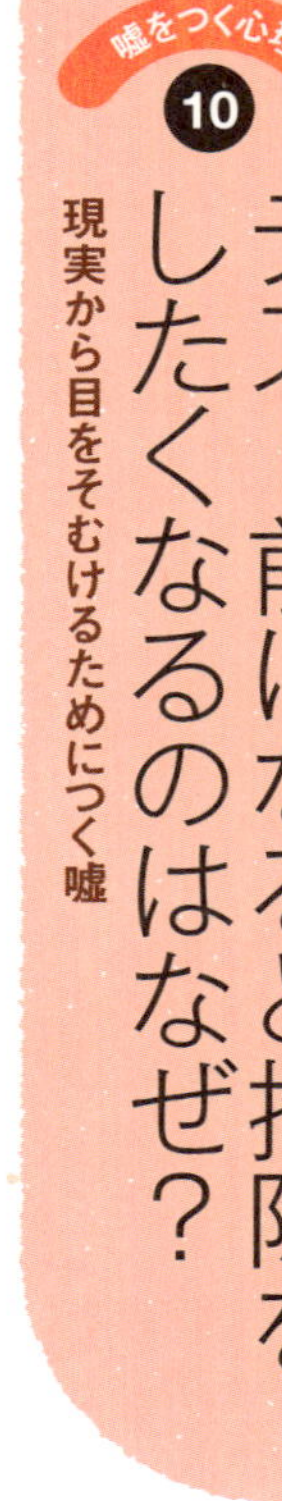

嘘をつく心理 10

テスト前になると掃除をしたくなるのはなぜ？

現実から目をそむけるためにつく嘘

あー、明日英語のテストなんだよな～

そうだ！マミにマンガ借りてたんだ

返さないといけないし…

勉強に集中できないし切りのいいとこまで読んじゃお

1時間後

気分転換したほうが能率あがるって言うしね

つづき気になるし～

翌朝

チュンチュン

はっ

全然勉強できてない

現実逃避は一時逃れにすぎない

人は目の前の辛い現実から逃れるために、安易な道を選ぼうとすることがあります。たとえば、テスト前で勉強をしなければならないのに、急にマンガが読みたくなったり、片付けなければならない仕事があるのに、飲みに行ってしまったりといったことが挙げられます。

このような心理は逃避※の一種で、**苦痛や不安から逃れようとする反応**です。本当はやるべきことがあるのに、現実が見えないふりをして、その場逃れをしてしまうのです。

ただし、現実から目をそらし続けると、勉強や仕事で残念な結果を招いてしまいます。目的が達成されず、さらに自分を責めることになり、精

WORD 逃避…願望や欲求がかなえられないとき、それを放棄したり、自分にとって都合の悪い現実から逃れようとしたりすること。

現実逃避の種類

辛い現実や不安を感じる状況に直面すると、人はストレスを和らげるため、さまざまな手段で逃避しようとします。

退避

実際にその場から逃げ出してしまい、不安を感じさせる対象を避けようとする。

例　行きたくない会合に、急用ができたという理由で欠席する。

空想への逃避

現実が自分の思う通りにいかないため、自由に思い描ける空想の世界に遊ぶ。

例　現実の世界とはほど遠いスーパーマンになった自分を想像する。

辛い体験からの逃避

不幸な体験を忘れようと、それとは関係のないものに目を向けて現実を忘れようとする。

例　失恋した辛さを忘れようと、がむしゃらに仕事をする。

病気への逃避

辛いことから逃れるために病気をよそおう。よそおっているうちに、本当に体調が悪くなる場合も。

例　学校に行きたくなくて、お腹が痛いと嘘をついて休む。

神的にもよくありません。

もともと、逃避はストレス※を和らげるための**防衛機制**（▼P48）の一種で、自分を守るための行動です。嫌なことは忘れてやりたいことに没頭することで、一時的ではありますが、ストレスに押しつぶされそうな精神を安定させるのに効果があります。あくまでもひとときの幸せ、リフレッシュのためと自分に言い聞かせておけば、勉強や仕事に立ち戻るときも、さほど支障はないでしょう。

豆知識　やる気を出すコツ

勉強や仕事になかなか取り組めないときは、机の上を片付けるなど、本来の目的に役立つ簡単なことをやってみましょう。これを心理学では「作業興奮」といい、なんらかの関連する作業を始めてみると、自然と本来やるべきことに目が向いていきます。

WORD　ストレス…環境の変化に対し、適応しようとする反応のこと。ストレッサー（ストレスの原因）によって心身に表れる、さまざまな影響のこと。

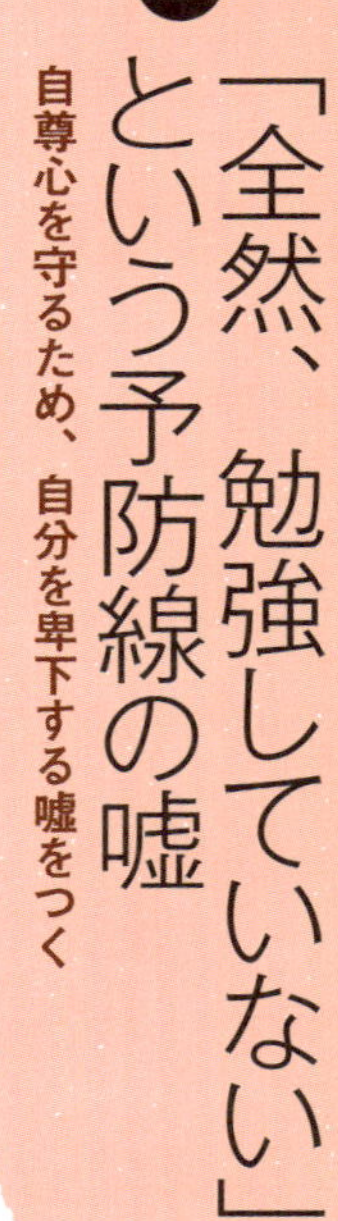

嘘をつく心理 11

「全然、勉強していない」という予防線の嘘

自尊心を守るため、自分を卑下する嘘をつく

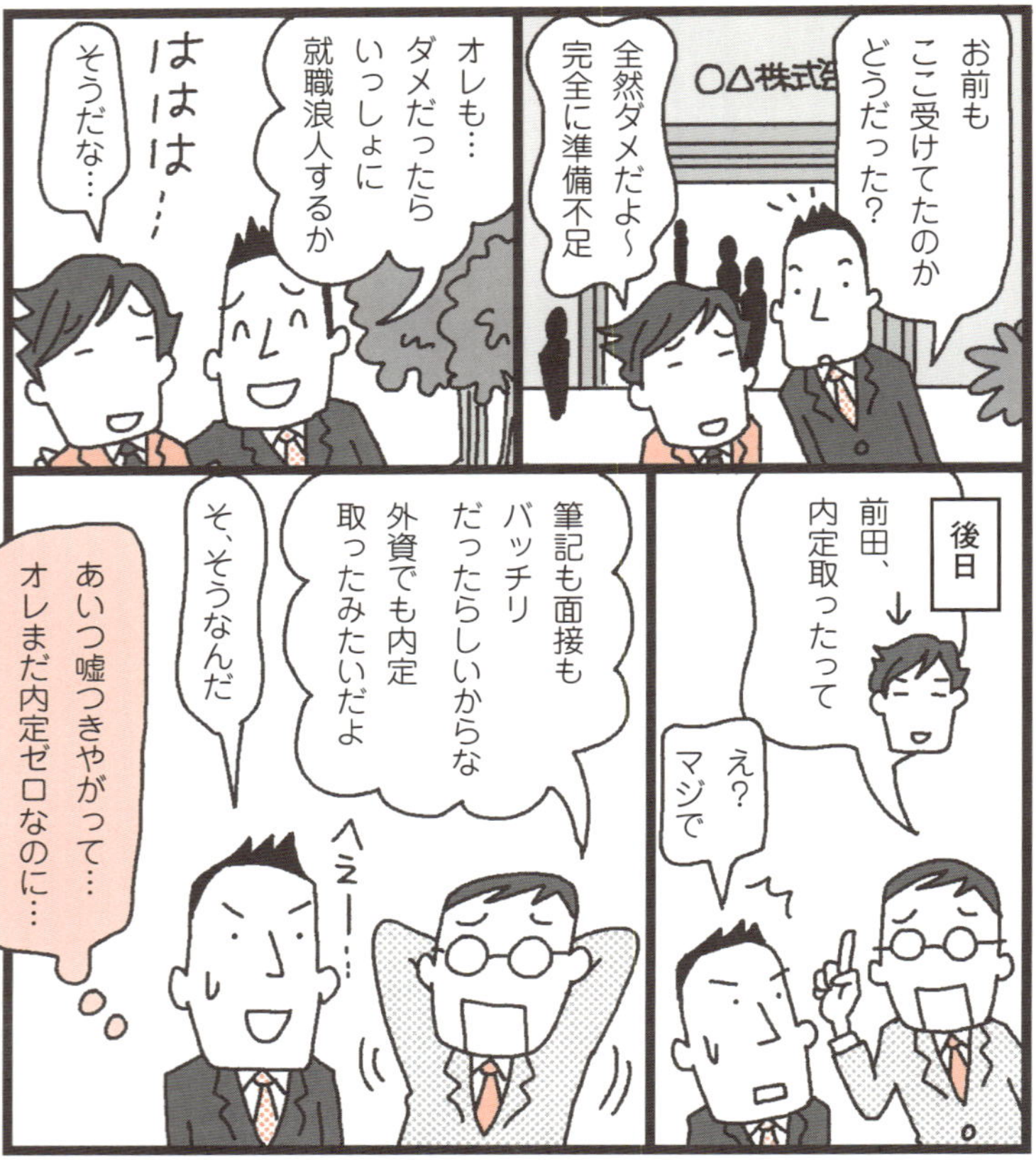

お前も ここ受けてたのか どうだった?
全然ダメだよ～ 完全に準備不足
オレも… ダメだったら いっしょに 就職浪人するか
ははは…
そうだな…
後日
前田、内定取ったって
え? マジで
筆記も面接も バッチリ だったらしいからな 外資でも内定 取ったみたいだよ
へえ—…
そ、そうなんだ
あいつ嘘つきやがって… オレまだ内定ゼロなのに…

結果が悪い場合を見越し言い訳を用意しておく

「昨日勉強した?」「全然してないよ」…テストの前には必ずといっていいほど、こんな会話が繰り広げられます。

ところが、テストの結果が出るとまわりはみんな、そこそこの点をとっています。「勉強してないよ」を信じて安心していた自分は、ビリ。友人たちが勉強していないと言ったのは、真っ赤な嘘だったのです。

とはいえ、友人はあなたを出し抜こうとか、だまそうと考えて嘘をついたわけではありません。普段から「勉強していないよ」「頭が悪いから」などと**自分を卑下するような発言が多い人は、実はかなり、自尊心※が強い**と考えられます。

WORD 自尊心…自分の人格を大切にし、自分の思想や言動などに自信をもつこと。自分に対する肯定的な評価。

言い訳の嘘＝合理化のメカニズム

自分が傷つくのを恐れて言い訳をするのは、「合理化」という防衛機制（▶P48）の一種。セルフハンディキャッピングのほかには、以下のような合理化があります。

すっぱいブドウの論理

あのブドウは
すっぱい

高い枝になっているおいしそうなブドウを見つけたきつねは、何度もジャンプをしたが、枝まで届かず食べることが叶わなかった。そこで「あれはすっぱいブドウだ」と捨て台詞を残して立ち去った。

ブドウが食べられなかった本当の理由は、自分の能力が足りないから。しかしそれを認めるとプライドが傷つくので、嘘の理由づけをした。

甘いレモンの論理

自分のレモンは
甘いんだ

自分が苦労して手に入れたレモンはすっぱかったが、「ほかのレモンはもっとすっぱいだろう、自分のレモンは甘いんだ」と自分を納得させる。

自分のやったことについて過大に甘く、よく評価しようとする心理。期待していたほどの成果が得られなくても、真実を認めると自分の苦労が報われなくなるので、嘘の理由をつけて欠点を隠す。

相当勉強したのにもかかわらず、テストの成績が悪かったとしたら、プライドが傷つき大きなダメージを負ってしまいます。そのため、結果が悪くても傷が軽くてすむよう、あらかじめ**予防線**を張っておくのです。これを※**セルフ・ハンディキャッピング**といい、自分を守るためによく行われる行為です。

テストの成績がよいかどうかは、結局は自分に返ってくる問題です。安易に友だちに同調せず、「自分は自分」と、自己をしっかりもって努力したほうがいいでしょう。

豆知識　言い訳に満足してしまう

セルフハンディキャッピングをする人ほど、成功する確率が下がるというデータもあります。言い訳をつくったことに満足して、努力を怠ってしまうのです。

WORD ▶ セルフ・ハンディキャッピング…自分にハンディキャップがあることを主張し、思うような結果が出なかった場合の言い訳にする。

嘘をつく心理

12

失敗をぜったいに認めない心理

反省するよりも他者に責任をなすりつける

自分を正当化して悪くないと信じ込む

仕事でミスをしたときなど、あれこれ言い訳をして謝らない人は「礼儀がない」「傲慢だ」などと批難されがちです。このような、謝罪をしようとしない態度は、どういう心理によるものなのでしょうか。

多くは、自分を正当化しようとする※**自己正当化**の心理で説明できます。これは**自分で自分をだます心の働き**です。

ミスをしたという**罪悪感**から逃れたい、まわりの非難から身を守りたい、という気持ちが強くなると「自分は悪くない」と思い込もうとします。そして、「上司や職場環境も悪いし、そういえば体調も悪かった…」などと自分の行為を正当化するため

※WORD 自己正当化…不正なことや、自分の倫理に反する行為を行ったときに、あれこれと理由をつけて責任逃れをしたり、自分の身を守ろうとすること。

謝罪を避ける自己正当化の４タイプ

ミスを指摘されたときの自己正当化には、
以下の４つのタイプがあります。

責任転嫁型

「ミスの可能性を注意しなかった上司が悪い」などと、あくまでも自分に責任がないことを主張する。自己愛が強い人に多い。

巻き込み型

「誰もが間違える」「○○さんも同じことをした」などと他者にも同じようなミスがあることを指摘し、自分だけが悪いのではないことを主張しようとする。

特例主張型

「今回は体調が悪くて」「たまたま運が悪かった」などと、今回が特別であることを強調し、問題をすり替えようとする。

詭弁（きべん）型

もっともらしい理屈を並べて、自分のミスを強引に正当化しようとする。
自説に都合のいい数字ばかりを並べて信ぴょう性を高めようとすることも。

多数決では
負けたが
３割の人が
賛成している

の理由づけをしていくうちに、それらを本当に信じ込んでしまうのです。

さらには自己正当化がエスカレートして、「自分に能力があったからこの程度の失敗で済んだ」などと考える場合もあります。

人間関係を円滑に運ぶには、このような自己正当化より、**「嘘も方便」**（▼P21）のほうが有効です。たとえ自分が悪くないと思っていても、「申し訳ございません」と**謙虚な姿勢を示すことで、相手の気持ちを和らげる**効果があります。

豆知識　言い訳よりも報告や提案を

失敗を誰かのせいにする責任転嫁による言い訳は、相手の気持ちを逆なでするものです。仕事でのミスなら、報告書を作成したり、ミスを補う代案を提案できたりすれば、逆に評価アップにつなげることができます。

嘘をつく心理 **13**

ポジティブな人の嘘

自分のことはちょっと買い被るくらいがちょうどいい

楽観的なほうが健全でいられる

あなたは、世間一般の人と比べて親切だと思いますか、それとも不親切だと思いますか。心理学者**テイラー**によると、半数以上の人が「自分は世間一般の平均的な人より親切だ」と答えるということです。

すべての人が自分と他人を正確に評価できるなら「平均的な人より親切」と答える人と「平均的な人より不親切」と答える人が、ほぼ同数になるはずですが、実際は「親切」と答える人が多くなります。つまり、**人は自分のことを他人より高く評価する傾向がある**のです。このように、自分を高く評価する傾向のことを**ポジティブ・イリュージョン**（肯定的な幻想）と呼びます。

ポジティブ・イリュージョンは前向きな嘘

ポジティブ・イリュージョンとは自分に対する前向きな幻想を指し、これによって健全な精神を保っている人には、次のような特徴があります。

1 自己評価が高い

自分の能力やスキルを実際より高く評価している。

実際の能力・スキル ＜ 自分が思っている能力・スキル

この差が嘘

自分の能力・スキルでは届きそうもない目標を設定することもあるが、達成のために懸命に努力することで能力・スキルがアップし、目標を達成することも多い。

2 自分には状況をコントロールする力があると信じている

実際にはコントロールしづらい対象であっても、コントロールできると信じることで、なんらかの手だてや手段が見つかり、実際にコントロールできることもある。

きっと、なんとかなる！

3 未来は今よりも明るくなると信じている

実際には未来は明るくなるかわからないが、多少の問題はあっても必ず解決できると信じることで自分の持っている力を十分に発揮することができ、協力者も見つかり未来が開ける場合もある。

▶ ポジティブ・イリュージョンは自分の人生にプラスに働く

よく、根拠もなく「なんとかなるよ」などと言う人がいますが、これもポジティブ・イリュージョンの一種。**楽観的な言葉や肯定的な言葉は精神面の健康に大きなプラスになる**ので、これは悪い嘘ではありません。

テイラーによれば、精神的に健康な人は①自分を高く評価し、②自分は状況をコントロールできると信じ、③将来は今よりもよくなると考える傾向があるとのこと（上図）。ものごとを冷静に評価することも大切ですが、**ちょっと楽観的なほうが、健全**なのかもしれません。

豆知識 何ごとにも積極的になれる

イリュージョンは、あくまで「幻想」ですから嘘には違いないのですが、自尊心が高く保たれることで、何ごとにも積極的に取り組めるようになり、良好な人間関係を築くことができます。

嘘をつく心理 14

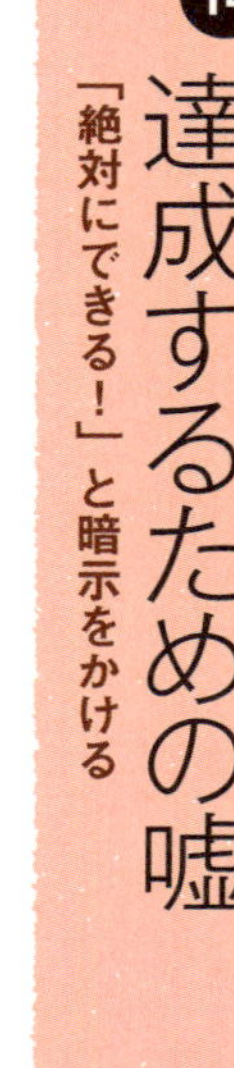

高い目標を達成するための嘘

「絶対にできる!」と暗示をかける

「できる」と声に出すことが自信をつける

解決が困難な問題にぶつかると、たいていの人はその状況から一時的に**逃避**（▼P54）する心理が働きます。とりあえず逃げ出したり、場合によっては**出社拒否症**※や**5月病**※などの逃避行動を起したりします。

とはいえ、逃避したくてもできないような問題に直面することもあります。そんなときに威力を発揮するのが、**セルフトーク**（自己会話）という、自分に嘘をつく方法です。前項のポジティブ・イリュージョンにも似ていますが、**「絶対にできる」と自分に言い聞かせる自己暗示の一種**で、実際に自信を高め、力を発揮させるということがわかっています。その証拠に、一般の人に比べてはる

WORD 出社拒否症…出社や登校しようとするたびに頭痛や腹痛、吐き気、下痢などに襲われる症状。特に月曜の朝に不調に陥るものを月曜病（ブルーマンデー症候群）と呼ぶ。

セルフトークで高い目標をクリアする

自分を成長させるには、少し難しいと感じる課題や問題に挑戦することが大切。
セルフトークはポジティブにもネガティブにも働きますが、
ポジティブなセルフトークのほうが、より高い効果を発揮させます。

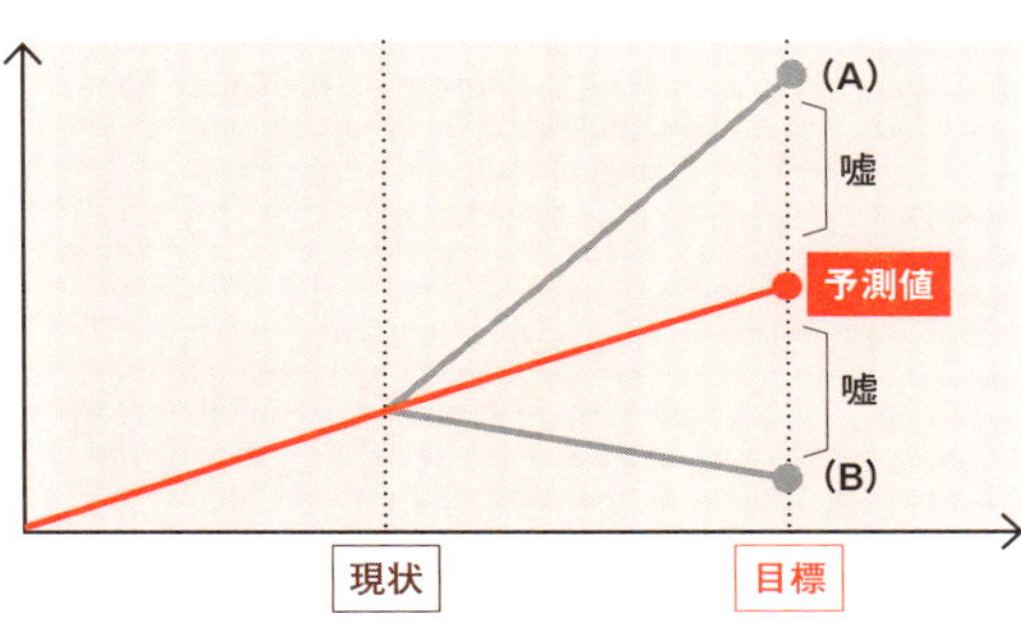

目標を予測値に設定

自分の能力と技量の範囲で、目標を達成できる。悩んだり、苦しんだりすることが少ないので、大きい成長は見込めないが安定的。

目標を(A)に設定

セルフトークでポジティブな嘘をつく。自分の実力よりも高いレベルに目標を設定することで大きな荷物を背負うことになり、悪戦苦闘する。創意工夫も要求されるが、課題に正面から向き合うので、目標を達成したときの満足感は大きく、自信につながる。

目標を(B)に設定

セルフトークでネガティブな嘘をつく。自分の実力よりも低いレベルに目標を設定することで苦労なく、目標を達成できる。ただし、達成感、満足感は得られない。自分の実力をフルに発揮する必要がないので、手を抜いたりサボったりするなど、むしろ成長をさまたげる方向に働くことも。

かに強い緊張状態にさらされる機会が多い**一流のアスリートの多くが、大事な試合の重要な局面で、セルフトークを使用**しています。

言葉は心とつながっています。うつむいてため息をついていると気分は沈んでいき、逆に胸を張って「できる！」と元気に言葉に出すと、本当に気持ちが高まっていきます。

効果的なセルフトークのポイントは、**①プラスの言葉を使う、②自信に満ちた態度をとる、③繰り返し言葉にする**の3つ。大きな目標をクリアするために効果的な嘘だといえます。

豆知識 現実が耐えきれないとき

現実に耐えられなくなったら、自分だけで抱え込まず信頼できる人に話を聞いてもらい、アドバイスを受けることをオススメします。話を聞いてもらうだけでも、心がラクになります。

WORD 5月病…入学、入社、引っ越しなどの大きな環境の変化にうまく適応できず、5月ごろになって心身に不調が出ること。新人研修の終わる6月にも多発することから、6月病と呼ばれることもある。

あなたはどんな物語をつくりますか?

Q イラストをじっと見つめて、イメージをふくらませてみてください。ストーリーもいろいろと考えてみましょう。次に、あなたの回答に近いものを、以下から選択してください。いくつでもOKです。

①ふたりは周囲の人がうらやむような恋愛をしている
②男性は一流大学出身のエリートサラリーマンである
③女性はお金持ちの娘で、知的で教養も豊かである
④ふたりともグレードの高いブランド品を身につけている
⑤何人もの人が、うらやましそうにふたりの姿を見ながら通り過ぎて行く
⑥男性も女性も、誰もが振り返って見るような美男美女である
⑦男性は有名人なので、こっそりデートをしている
⑧ふたりは深く愛し合っており、愛は永遠である
⑨女性は子どものように甘えている
⑩男性はわがままに振る舞っている

解説➡P185

PART 3 自分を変えるための嘘

嘘にはさまざまな力があります。印象をよくしたり、
自分を元気づけたり、性格を変えるなんてことも！
自分を変えるための"嘘の使い方"をご紹介します。

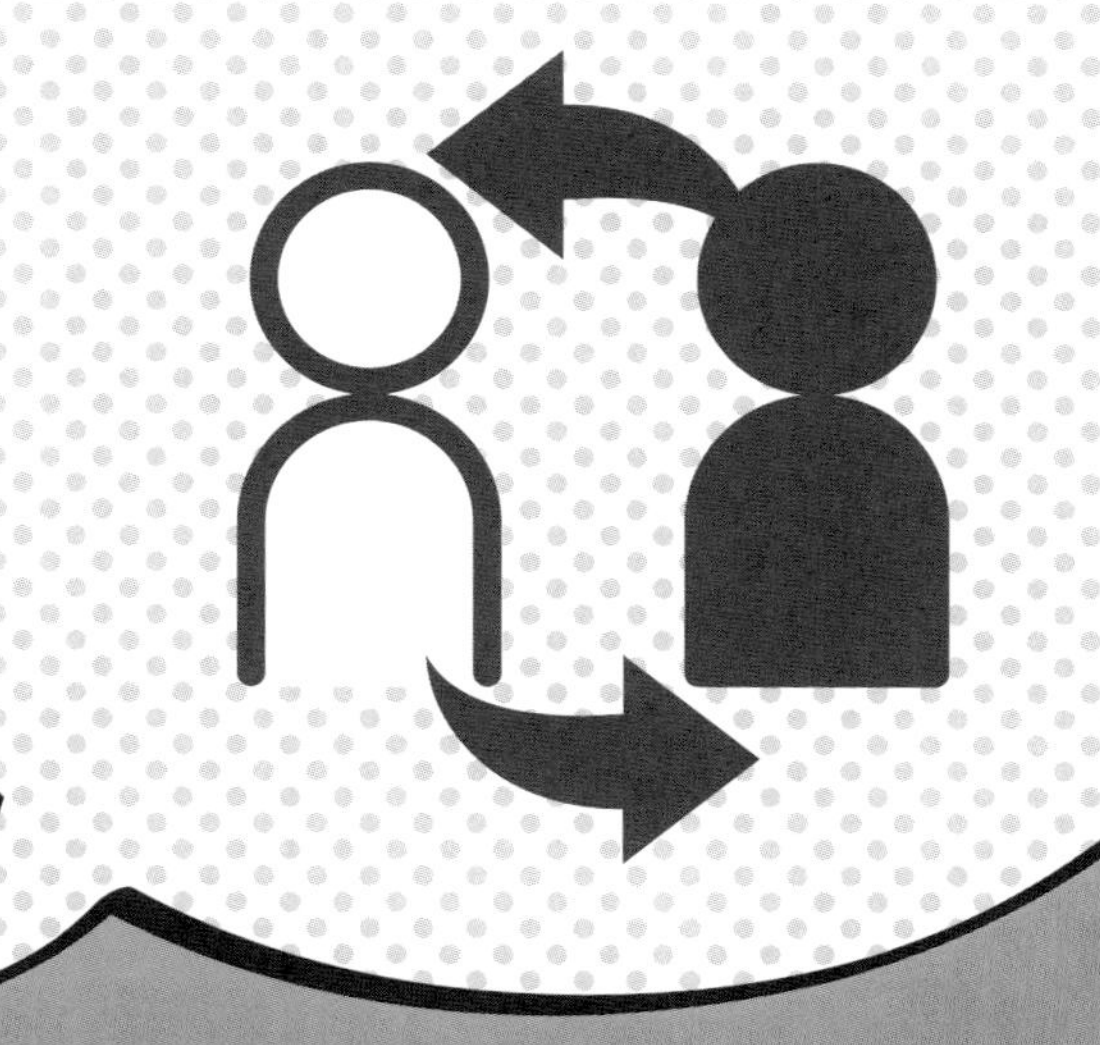

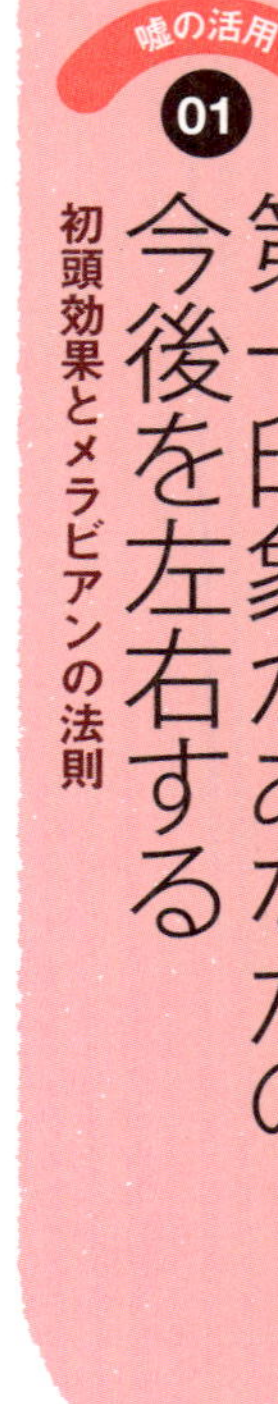

第一印象があなたの今後を左右する

初頭効果とメラビアンの法則

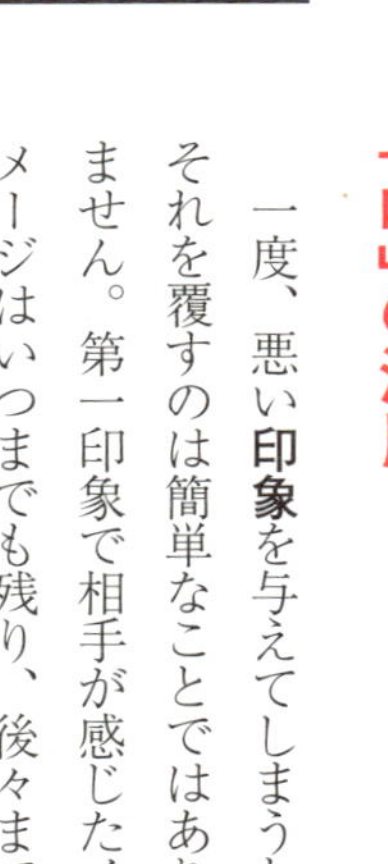

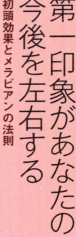

よい印象を与える「嘘」の活用

一度、悪い**印象**を与えてしまうと、それを覆すのは簡単なことではありません。第一印象で相手が感じたイメージはいつまでも残り、後々まで苦労します。

これを**初頭効果**※といいますが、初対面の人にうっかり悪い印象を与えてしまわないためには、嘘をうまく活用するのが効果的です。

アメリカの心理学者**メラビアン**は、人の**第一印象を決めるのは表情や態度が55%、声が38%、言語による情報（話の内容）が7%**であることを実験によって明らかにしました。つまり、**話の内容よりも話し手の表情やしぐさ、声のほうが強く印象に残った**のです。これを**メラビアンの法**※

WORD 初頭効果…人は会った瞬間に相手の見た目や姿勢、服装、声などから相手を判断し、相手の印象をつくりあげる。最初の印象（第一印象）が、なかなか変わらないことをいう。

ココロファイル④

最初によい印象を与えることの効果

実験 アメリカの心理学者アッシュは、ある人を紹介する際に、言葉の順番によって相手が受け取る印象が変わるかどうかを調べた。実験では次のAとBのように言葉を入れ替えて同じ人物を紹介した。

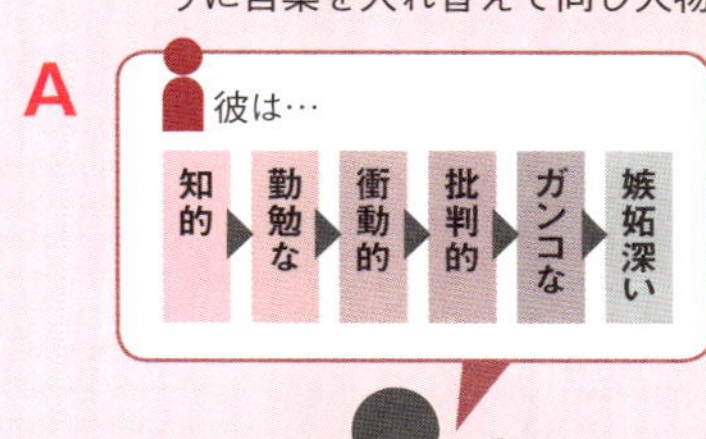
A
彼は…
知的
勤勉な
衝動的
批判的
ガンコな
嫉妬深い
という順番で紹介した。

B
彼は…
嫉妬深い
ガンコな
批判的
衝動的
勤勉な
知的
という順番で紹介した。

結果

A よい人という印象を与えた

B 悪い人という印象を与えた

肯定的な言葉を先に言えば、よい印象を与え、否定的な言葉を先に言えば、悪い印象を与えることがわかった。

初対面の人と会う際は共通の第三者に、あらかじめ肯定的な評価を伝えてもらうのもよい印象を得る方法のひとつ。

則と呼びます。

このことからも、初対面の相手に対しては、表情や態度、声の出し方に**多少の演技（嘘）を加えたほうが、よい印象を与えやすい**ということがわかります。ただ漫然と会話をするのではなく、笑顔ときびきびとした動作、落ち着いた聞き取りやすい声で話すことを心がけましょう。

加えて、**しっかりと相手の目を見て、一つひとつの単語をはっきりと発音する**ようにすれば、初対面の印象はだいぶ変わるはずです。

使える！ 心理テクニック

相手の話をよく聞く

初対面の人を相手に、いきなり自分の考えを語ったり、相手の意見に真っ向から反対したりすると、悪い印象を与えます。はじめのうちは自己主張はほどほどにして、相手の話に耳を傾けるようにすることが好印象を得るコツです。

WORD メラビアンの法則…メラビアンが1971年に提唱した法則。言語（バーバル）、声（ボイス）、表情や態度（ビジュアル）の頭文字をとって、３Ｖの法則とも呼ばれる。

嘘の活用 02

悪かった第一印象を覆す方法

親近効果で逆転できれば好印象を得られる

後から与えたいい印象が悪い印象を覆す

第一印象で与えた悪い印象を覆すのは簡単ではないといいましたが、不可能ではありません。

心理学者**ルーチンス**は、複数の被験者に、ある人が**内向的**な性格だと判断できる文章を読ませ、次に同じ人を**外向的**な性格だと思わせる文章を読ませました。その後、その人の印象を聞いたところ、最初の文章を読んだ際は「内向的」と評価していたのに、次の文章を読んだ後は「外向的」と答える被験者が多くなりました。印象が上書きされたわけです。

この実験を通して、**最初の印象と後の印象が異なる場合、後の印象のほうが重視される**ことがわかりました。これを**親近効果**※と呼びます。

WORD 親近効果…最初の印象と後の印象が違っていた場合、後の印象のほうが重視されるという理論。

ココロファイル⑤

第一印象が上書きされる親近効果の実験

実験 アメリカの心理学者ルーチンスは被験者に対して以下のような実験を行った。

Step 1
Aさんは……
恥ずかしがり屋で
口数も少なく…

Step 2
Aさんは……
社交的で
人づき合いも広く…

結果

Step 1の後のAさんの印象
被験者にAさんの性格について質問すると「**内向的**な性格」と答えた。

Step 2の後のAさんの印象
被験者にAさんの性格について質問すると「**外向的**な性格」と答えた。

この実験を通して、最初の印象と後の印象が異なっていた場合、後の印象が優先されることがわかった（親近効果）。

実験は、外向的と受け取れる文章だけを読ませるパターンでも行われた。結果、内向的→外向的の順で文章を読ませた場合のほうが「外向的」と答える割合が高かった。異なるものを対比させることで、よりその差を強調する「コントラスト効果※」を使ったほうが、親近効果が強く影響することがわかった。

たとえ第一印象で好感が得られなくても諦めることはありません。後から相手によい印象を与えていけば、好転させることができるのです。

とはいえ、最初（初頭効果）と最後（親近効果）のどちらを重視すればいいのかという疑問が残ります。心理学者メーヨーによると、**観察力が鋭い相手ほど初頭効果に影響されやすく、そうでない人ほど親近効果に影響されやすい**とされています。相手によって優先順位を変えていくことができれば理想的でしょう。

使える！心理テクニック

好印象を与えるためには

好印象に変える一番シンプルな方法は、相手と積極的に接すること。嫌われたらどうしようと心配する必要はありません。接触すればするほど、相手に対する好感度が高くなる「単純接触の原理」が実証されています。

WORD▶ コントラスト効果…ある行為・表現と別のものを対比させることで、もともとの行為・表現をより強調すること。いわゆるツンデレ（冷たさと甘えの両面で魅了する人▶P170）も、この効果を利用している。

上手な自己開示が あなたの印象をアップさせる

自己開示とは、自分についてのさまざまな情報を相手に伝えること。第一印象をよくするためにも、また、悪かった印象を覆すためにも、自分のことをよく知り、上手に自己開示することが大切です。

好印象を得る自己開示

自己開示を行うと、相手はこちらに親しみを感じてくれ、
向こうからも自己開示を返してくれます。

自分のことを話す

自分の考えや好み、家族構成などについての情報を相手に伝える

相手は親しみを感じ、向こうからも自己開示してくる

お互いにより仲よくなる

上手な自己開示のポイント

① 自分をきちんと客観視できていること
② 必要以上に自分を飾らないこと
③ 失敗談やユーモアのある話題など、場を和ませる話題を選ぶこと　など

ダメな自己開示

僕は高級車を
３台持っているよ
スーツは
オーダーメイドしか
着ない
……

自分のことを知ってもらいたいからといって、自慢話をするのはNG。また、いきなり深刻な話やプライベートに踏み込みすぎても、相手に引かれてしまいます。注意しましょう。

「本当の自分」をジョハリの窓で見つける

人に自己開示をするためには、自分のことをよく知る必要があります。「本当の自分」を他者に開示することは、より深い人間関係を築くための準備となります。思い込みで誤った自己開示をしてしまわないためにも、自分のことをもっと知っておきましょう。そのために活用したいのが「ジョハリの窓」です。

	自分は知っている	自分は気づいていない
周囲の人は知っている	①開放の窓 自分で把握している領域で、他人に対してもオープンに示している領域。	②盲点の窓 他人には見えているが、自分には見えていない領域。指摘されて気づくことが多い。
周囲の人は知らない	③秘密の窓 自分ではわかっているが、他人には閉ざしている領域。ここが他よりも広いと、なかなか相手との関係を深めることができない。	④未知の窓 自分にも他人にもわかっていない未知の領域。心の深いところに抑え込まれていて気がつかない場合もある。

「ジョハリの窓」はアメリカの心理学者ジョセフ・ルフトとハリー・イングラムが、人間の心を①開放、②盲点、③秘密、④未知の４つの領域に分けて図式化したもの。②盲点の窓と④未知の窓は、自分自身に対して隠している領域で、③秘密の窓は他人に隠している領域。自己開示を行い①開放の窓を広げることで、②～④は次第に狭くなる。

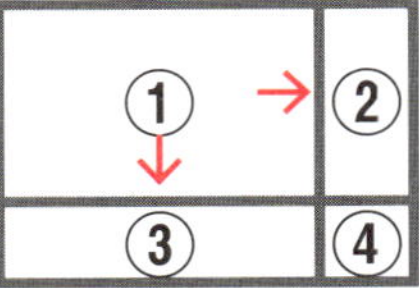

嘘の活用 03

弱い自分を元気づける嘘

自分にとって「縁起のいいもの」をつくる

よい意味でのジンクスを利用

お湯を注ぐと、必ず茶柱が立つというお茶があります。「茶柱が立つと縁起がよい」という言い伝えにちなんだ商品で、落ち込んだりイライラしたときなどに、ほっとひと息つけると、人気のようです。

このような言い伝えを本気で信じている人は少ないかもしれませんが、こうした**縁起ものには、嘘だとわかっていても心を落ち着かせる効果があります**。

もしあなたが、ささいな失敗や人間関係のトラブルですぐに落ち込んでしまうタイプなら、よい意味の**ジンクス**※をつくって自分を元気づけてみてはいかがでしょうか。具体的には**落ち込んだときに、その行動をと**

WORD ジンクス…英語のjinxがもとになった和製英語。経験にもとづく教訓、法則のうち、縁起の悪い物事を指すが、日本ではよい・悪いを問わず、縁起を担ぐ対象となるもの全般をジンクスという。

ジンクスを使って素早く気分転換

フランスの心理学者クーエによれば、落ち込んでいるときというのは、無意識下でマイナスの情動※が優位になっている状態のこと。元気を出すには、それを逆転させる必要があります。

※情動…喜びや悲しみ、驚きや怒りなど、一時的で強い感情のこと。

現状 気分が落ち込んでいるときは、マイナスの情動がプラスの情動よりも優位になっている。

マイナスの情動に支配されていると、ささいな失敗やトラブルですぐに気持ちが落ち込む

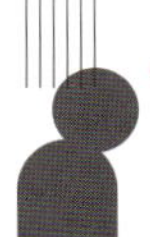

友人とケンカしてムシャクシャする

マイナスの情動が優位

改善 「あの曲を聴くと元気になる」などのジンクスをつくり、自己暗示をかける

音楽を聴いたら元気が出た

プラスの情動が優位に

失敗やトラブルで気持ちが落ち込みそうになったら、ジンクスを実践し気分を転換させる

れば気分転換できて元気になるようなことを、あらかじめ用意しておくのです。

具体的には、たとえば「通学・通勤のルートを変えると気分が晴れる」「特定の音楽を聞くとすごくリラックスできる」といったことを、繰り返し自分に言い聞かせて暗示をかけます（**自己暗示**▼P43）。うまく自己暗示にかかれば、実際に落ち込んだり不安になったりしたときに、その行動をとると、元気を出せるようになるでしょう。

豆知識 音楽には浄化作用も

「音楽療法」※という治療法があるように、音楽には心のわだかまりや不安、憎しみ、怒りなどの負の感情を消したり、和らげたりする浄化作用があります。気分転換のひとつの方法として取り入れてみるとよいでしょう。

WORD 音楽療法…音楽を使用して、心身の回復や機能の維持改善をはかる治療法のこと。

嘘の活用

04

自分をだまして「なりたい自分」になる

人の性格は変えられる

劇団西東
次の公演でお客さんが入らなかったらどうしよう
オレの演技のせいかな
あいつ心配しすぎじゃない？
演技はうまいのに、いつも暗い顔してるよな
死刑囚役だからちょうどいいけど…
別の日
おーすっ
よう調子はどう？
まあまあだよ
あいつすごく変わったな何があったんだ？
なにそれ〜っうける〜っ
あはは!!
おーすって
今度は伝説の漫才師の役なんだって
なるほど〜
たいした変わりようだ
なんでやねーん

役割を演じるうちに性格まで変わる

嘘を上手く活用すれば、実力以上の力を発揮したり、ネガティブな気持ちを好転させたりすることもできますが、もともと悲観的で後ろ向きな性格の人だと、その効果も半減してしまいます。そういう人は、思い切って楽観的で前向きな性格に自分を変えてみてはいかがでしょう。

人は、与えられた**役割**※を演じるうちに、内面まで変化します。アメリカの心理学者**ジンバルド**らが実施した**スタンフォード監獄実験**により、人の性格を変えることができるということが証明されました。

実験では、大学内に巨大な模擬刑務所をつくり、公開募集した男性たちを囚人役と看守役に分け、それぞ

WORD 役割…個人や社会、集団の中で占めている位置（ポジション）に対応した行動の型（パターン）のこと。

ココロファイル❻

役割を演じて心も変わる監獄実験

実験 巨大な模擬刑務所をつくり、公募した一般の男性を看守役と囚人役に分け、看守役には看守の制服、囚人役には囚人服を着せ、それぞれの役を演じさせた。所内の規則や生活スケジュールは実際の刑務所を参考にした。

看守役

囚人役

結果

看守役

実験がスタートしてまもなく、規則を勝手に追加したり、囚人に互いに悪口をいうように強制したり、囚人を口汚くののしるようになった。

囚人役

看守役に気に入られるために卑屈な行動をとったり、看守役に憎悪を抱くようになった。また無気力感に襲われる者も出た。

人は役割を演じることで（嘘の自分を演じることで）、性格や行動パターンを変えられる。

れの役を演じてもらいました。実験がスタートすると早々に、看守役は傲慢になり、囚人役は卑屈で無気力になっていきました。**演じているうちに本物の看守、囚人のようになったのです。**

このことから、**人は嘘だとわかっていても、演じ続けることで性格や行動パターンを変えることができる**ということがわかりました。実験はわずか6日で終了しましたが、真剣に臨めば、びっくりするほど短期間で性格は変えられるのです。

豆知識 なりたい自分をイメージ

最初はしっくりこないかもしれませんが、人は意外に「演技」に向いています。「なりたい自分」をイメージして、それに沿った話し方や行動をしているうちに、「なりたい自分」と「実際の自分」が一致していきます。

悲観的な性格から楽観的な性格へ
嘘を利用して性格を変える

人は、「演じている」とわかっていても、
なりきれば考え方や行動まで変わってしまいます。
このことを上手くいかして、「楽観的な性格」に変わる方法を考えてみましょう。

悲観的な人間から楽観的な人間へ

スタンフォード監獄実験でわかったことは、役割を演じているうちに考え方や行動が変わってしまうということ。このことは、逆にいえば人の性格は演じることで変えることができるということでもあります。
仮にあなたが何かにつけてネガティブな感情を抱きがちなタイプなら、楽観的な人間を演じてみましょう。性格を変えることができるかもしれません。

悲観的な思考から楽観的な思考へ

例
普段から気になっていた異性をデートに誘ってみたところ、断られた。

悲観的な人の思考

デートを断られた
▶ 期待が外れた
▶ 「いつもそうだ」と思う
▶ 「何をやってもダメだ」と悲観的に考える
▶ 否定的な自動思考※が不快な感情を長引かせ、いつまで経っても気分が晴れない

※自動思考…思考の癖。ある状況に直面したら、自動的に心にわいてくる考えのこと。

楽観的な人を演じる

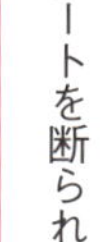

デートを断られた

▶

デートを申し込んだ自分の勇気をほめる

▶

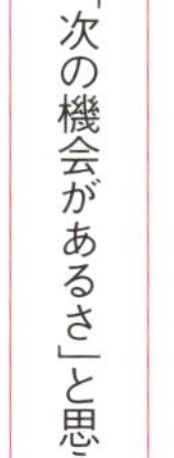

「次の機会があるさ」と思う

▶

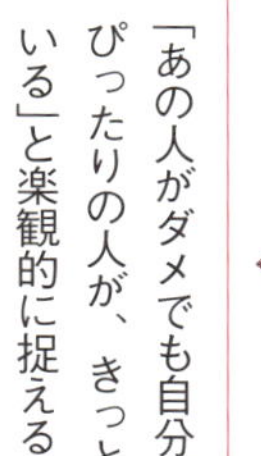

「あの人がダメでも自分にぴったりの人が、きっといる」と楽観的に捉える

▶

肯定的な思考を続けることで、不快な感情が生じず、気分転換も早くなる

まとめ

人は、ある役割を与えられたり、「なりたい自分」になろうと努力したりすると、徐々に思い描いていた自分に近づくことができる。

劇中の人物になりきるメソッド演技

メソッド演技とは、役者がより自然な形で演じるために、担当する役柄を徹底的にリサーチし、模擬的に追体験をしたり(犯罪者役を演じるために刑務所に入るなど)、肉体改造をしたりするなどして役づくりをしていく方法のこと。
劇中人物のような特異な人物になりきることは役者への精神的負担が大きいものの、頭の中だけで考え出した虚構の人物とは一味違う、迫力のある人物の役づくりができる。

嘘の活用
05

「目標の自分」に近づくための嘘

周囲に宣言して逃げ道をふさぐ

実現したときのイメージを思い描く

自分を変えて、さらに一段成長させたいと思ったら、**自分本来の実力よりも一段高い目標を設定し、それをクリアすると公言すること**です。

たとえば、あなたがクラスで成績がビリだったとします。ビリがイヤで、なんとかして「成績を上げたい」と思ったら、教師やクラスメートの前で「クラスで5番以内に入る」などと宣言するのです。これを**パブリック・コミットメント**※といいます。

最初は、ほら話と笑われるかもしれません。ただ、**口にすることで決意がかたまります**。勉強の習慣がなくても、みんなの前で宣言した以上、頑張るしかありません。

人は、**ひとつのことを強く望み、**

WORD パブリック・コミットメント…公の場で自分の意見を発表すること。それに見合った行動をしなくてはという心理が働く。プライドの高い人や公的自己意識が強い人ほど効果も高い。

パブリック・コミットメントで実力アップ

困難に直面したら、「私はできる！」と公言してしまいましょう。
そしてひとつ問題をクリアしたら、徐々に困難な問題にチャレンジしていきます。
そうすることで「自信移転の法則」が働いて、さらに実力がアップします。

パブリック・コミットメント

困難な問題に直面したら「私はきっとできる」と声に出して自分に言い聞かせ、自信たっぷりに人前で公言する。

問題をひとつクリアする

問題を乗り越えた喜びをバネにして、さらなる困難に立ち向かう。

パブリック・コミットメント

点数を上げたい！
学年で10位以内に入る！

できることが広がっていく

➡自信移転の法則が働く

●自信移転の法則とは

小さなことでも、何かを成し遂げるという体験を積み重ねていくうちに、困難なことにもチャレンジできるようになっていくこと。

仕事でも日常生活でも、ひとつずつ問題を解決しながら、徐々に困難な問題にチャレンジしていくようにする。できることからはじめて、やりとげた自信を踏み台に、次のチャレンジにつなげていくとよい。

実現したときのイメージを繰り返し頭のなかで思い描いていると、いつのまにか「目標の自分」に近づいていることがあります。「成績5位以内の自分」をイメージして努力し続ければ、5位以内が実現するかどうかはともかく、多くの場合成績はアップします。

まわりに宣言したことで、誰かがよい参考書や塾を紹介してくれるかもしれません。結果的に実現できず、恥をかくことになるかもしれませんが、ビリから抜け出せるのならやってみる価値はあります。

豆知識 なぜ宣言するといいのか

一番の効果は、逃げ道をふさいでしまうこと。まわりの視線が集まるから、だらしない態度はとれません。自分に対して厳しくなるので、宣言したとおりの行動を起こす確率が高くなります。

どの別荘を選びますか?

Q あなたは避暑地にいて、立ち並ぶ別荘の中から一軒を選び、その前で写真を撮ろうとしています。撮った写真を友人に送り、「これはうちの別荘なんだ」と嘘をつくためです。あなたは、次のA～Dのうち、どの別荘を選びますか?

A 木の素材感がむき出しの別荘

B 赤と白というコントラストが強い別荘

C 青い屋根にクリーム色の壁の別荘

D ピンクと白を基調にした、かわいらしい外観の別荘

解説➡P186

PART

嘘にだまされる人の心理

人はなぜだまされるのでしょうか。
巧みな話術？　雰囲気？　それとも相手の見た目？
自分でも気づかない「だまされてしまう心理」を解説します。

嘘の手口 01

人はなぜだまされるのか

思考を節約すると、だまされる可能性が高まる

相手の言葉や背景をじっくり考えない

人は、なぜだまされるのでしょうか。原因のひとつとして、何かを判断する際、相手の言葉や話している背景について注意を払わず、**思考を節約するから**だと考えられます。

忙しい生活を送っている現代人は、時間や手間を節約するのが当然だと考えます。その態度を他者と対話にまであてはめると、物事を短絡的に捉えがちになり、だまされやすくなります。オレオレ詐欺（▼P88）などは、**いったん冷静になって考えたり、信頼できる人に相談すれば防げるケースが多い**といわれています。

もうひとつの原因は、**人には「そこを突かれるとだまされやすい」という弱点があるから**です。たとえば、

思考を節約するから簡単にだまされる

人は困難な状況に直面したり判断を迫られたりすると、深く考えないで、簡単に結論を出そうとします。これを思考の節約と呼びます。正しい答えが出るとは限らず、だまされることもよくあります。

1 見た目や話し方で判断してしまう

僕が守るから
安心して

やさしい
人なんだ

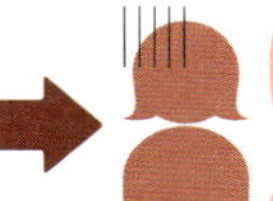
貸したお金が
戻ってこない

2 今まで危険性はなかったから、次も大丈夫と考える

追加課金
が必要
今まで大丈夫
だったから
今度も大丈夫だろう

こんな
大金
払えない

3 演技やハッタリにだまされてしまう

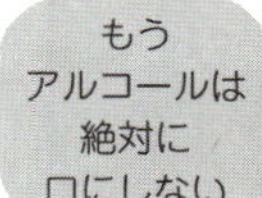
もう
アルコールは
絶対に
口にしない

そこまで
いうなら
今回は
本気だろう

だまさ
れた…

なにかにつけて他者に合わせがちな人と、マイペースな人とでは、気をつけるべき嘘が異なります。

前者の場合、仕事を一緒にする人を選ぶ際、相手がその仕事にあまり詳しくなくても、自分と合いそうな人を選びがち。**相性や性格・人間性にだまされやすい**といえます。一方、後者は人物の好き嫌いは二の次で、その仕事に詳しい人を選ぶ傾向があります。つまり、**相手の肩書きや見た目（外見）、専門性、権威などにだまされやすい**といえます。

豆知識 経験が邪魔をすることも

税関の検査官と素人を対象に、密輸入品を見破る実験を行ったところ、検査官のほうが劣っていました。これは、経験がある分、検査官は機械的に振り分けるくせがついており、注意深さが足りなかったためです。

嘘の手口

02

立場や肩書きにだまされる

ある特徴が、他のことまでよく見せてしまう

先週
外資系のB社の社長と商談したんだ
えっ
あの大手の!
歌手のFと小学校一緒なんですよ
うらやましー
えーーっ!!
私、Fさんの大ファンなんですよー
後日
こないだ合コンした人とつき合うことになったの
よかったね!
どんな人?
B社の社長と仕事してて歌手のFと小学校が一緒だったんだって
どんな人物かぜんぜんわからないいんですけど…
おー!っ

立派な肩書きがあると優れた人物だと思い込む

ある人物に関して、さまざまな判断材料から性格などの内面を知ろうとすることを、**対人認知**といいます。その対人認知を左右するのが、容姿や身なり、立場や肩書きといった**属**※**性**です。

たとえば有名な大学の出身であるとか、大企業に勤めているなどの情報を聞くと、それだけで相手の内面まで高く評価することがあります。このように、ある人物を判断する際に、ひとつの特徴がほかの特性にまで影響を与える心理を※**ハロー効果**といいます。

ハロー効果も、自分自身をだます**確証バイアス**（▼P22）のひとつです。いったん判断を下すと、後でさ

WORD 属性…ある人や物、事柄に備わっている特徴や性質のこと。人に対しては立場や肩書き、能力や経歴を指すことが多い。

「よいハロー効果」と「悪いハロー効果」

評価を高めてくれるハロー効果もあれば、
反対にネガティブな印象を与えてしまうハロー効果もあります。

ポジティブなハロー効果

- 有名大学出身
- 企業の肩書き
- 身なりやルックスがよい
- 表情が明るい　　など

有能で
仕事熱心
優しく
社交的
充実した
人生を
歩んでいる

見た目や肩書きではわからない、内面のこともよい評価がくだされる

ネガティブなハロー効果

- 社会的地位が低い
- 悪い噂がある
- 身なりがだらしない
- 仏頂面　　など

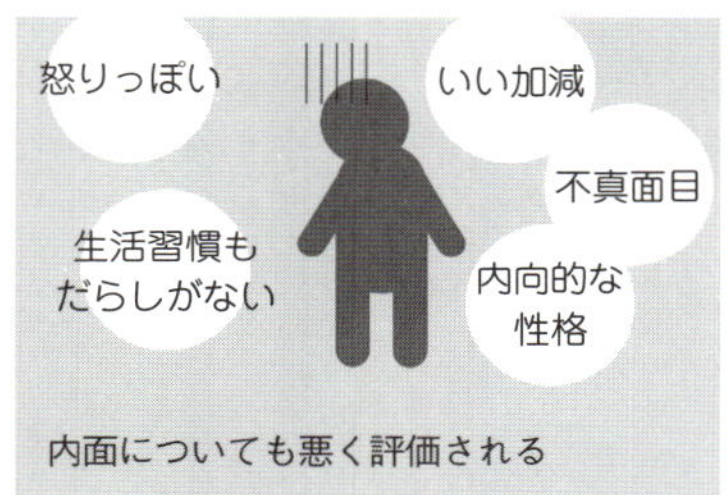
怒りっぽい
いい加減
不真面目
生活習慣も
だらしがない
内向的な
性格

内面についても悪く評価される

ただし逆の作用が起こる場合もある

最初は、ハロー効果によりポジティブな評価を受けた ▶ **ロス効果**
内容が伴わず、幻滅された
「肩書きは立派だけど、中身がないね」

最初は、ハロー効果によりネガティブな評価を受けた ▶ **ゲイン効果**
ちょっとした成功でネガティブな判断を覆した
「見た目は怖いけど、意外に優しいところがあるね」

まざまな情報を伝えられたとしても、最初の判断を補強するような情報のみを信じやすいのです。

名刺に偉そうな肩書きをいくつも並べているのは、ハロー効果をビジネスに利用している例だといえるでしょう。また、広告に有名な芸能人を起用するのは、**芸能人の魅力が後光のように商品を輝かせてくれるから**です。

ものごとの本質を見るには、身なりや肩書きだけでなく、相手の人となりにも目を向け、総合的に判断することが大切です。

> **豆知識　肩書きは中身が伴ってこそ**
>
> いくら肩書きが立派でも、中身が伴わないと逆効果です。ひとつの評価がよくても、ほかの評価が悪すぎると、ハロー効果が働かず、逆に悪い面が強調されてしまいます。

WORD ハロー効果…ハローは後光の意。ものごとを評価・判断する際、あるひとつの特徴に対する印象にひきずられ、全体を判断してしまうこと。

嘘の手口

03

値段が高い商品はよい商品か？

本来のモノの価値を見極めるのは難しい

人間の脳はめんどくさがり

あなたは買い物をするとき、慎重に考えるほうですか？　それとも直感で「パッ」と選ぶほうですか？

人間の脳には**ヒューリスティック**※といって、考えるのを省いてしまうしくみが存在します。**過去の成功や失敗体験などをもとに、直感で判断する**のです。これは、スピーディに問題を解決できるという点はよいのですが、その判断は**先入観**や**偏見**に影響されていることがしばしばです。たとえば、「高額な商品だからいいものに違いない」という考え方もそのひとつです。

もとは1万円の品なのに、値引きで5000円になっている商品と、もとの値段が5000円のものとで

※WORD　ヒューリスティック…ものごとを判断する際、思考の課程を省略し、スピーディかつ合理的に処理する脳のシステム。

買い物に関する心理あれこれ

消費者の購買意欲をそそり、判断を迷わせる
さまざまな手法があります。

2980円は高い？　安い？

198円、2980円などの価格は「端数価格」と呼ばれ、購買意欲を高める。たった２円（20円）安いだけなのに100円（1000円）安いと思わせるほか、「値引きされているのでは」と期待させる効果がある。

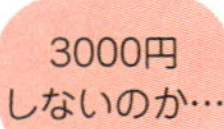
3000円
しないのか…

¥2980

値札が赤いと買ってしまう

赤は目立つというだけでなく、「赤字」の連想から、「値引きされている」と考えやすい。また、赤という色自体が感情を興奮させ、購入行動を促すという側面もある。

値引き
されている？

¥5000

松、竹、梅なら竹を選ぶ

値段の高いもの、安いもの、その中間の3つの選択肢があった場合、人は中間のものを選ぶ傾向がある。高いものを選ぶと、値段に見合わない可能性があり、安いと品質が悪いかもしれない、という計算が働くため。

中間を
選ぶか

高い買い物のあとは安く感じる

５万円の財布を購入したあとに5000円のキーケースをすすめられると「ついでに買ってしまえ」という気になる。これはコントラスト効果（▶P69）によって、値段が安く感じられるため。

安い！

は、どちらが選ばれやすいでしょうか。同じような品であれば、多くの人が前者を選ぶはずです。

また、**市場原理**では、価格が安いほど買い手が増えるのが一般的ですが、高所得層では逆の現象が起こります。つまり、高額であればあるほど満足が高まるという心理（**ヴェブレン効果**※）が働き、高額かつ希少であるほど買い手が増えるのです。その高級感やめずらしさが買い手に優越感を与える上に、「値段が高いもの＝信頼できるもの」と判断するからです。

豆知識 「プレミアム」はおいしい？

最近増えている「プレミアム」と称するお菓子や飲料なども、ヴェブレン効果を活用した商品です。いわば、高級なものを手にする満足感を買っているわけです。

WORD ヴェブレン効果…経済学の言葉で、値段が高い商品ほど、その商品のもつ効用も高いと考える心理効果のこと。

嘘の手口 04

「オレオレ詐欺」にだまされてしまう心理

手口がわかっているのに、だまされるのはなぜ？

人間心理を利用する手口が功名化

増加の一途をたどっている「**オレオレ詐欺**」。これだけ被害が報道されているにもかかわらず、なぜ簡単にだまされてしまうのでしょうか。

その手口には、共通の特徴があります。まず、被害者を**パニック**※に陥れること。身内が事故にあった、犯罪に巻き込まれた（引き起こした）と聞くと、被害者は理性的な判断ができなくなります。

次に、被害者の思い込みを巧みに利用します。たとえば、いったん電話の相手を息子だと思い込んでしまうと、その**思い込みに対して都合のいい情報ばかりが心に残り、会話の中の矛盾点や怪しい点を見落としてしまう**のです。これは**確証バイアス**

WORD パニック…急激に不安、ストレスなどを与えられ、精神的に混乱すること。冷静な判断ができなくなる。

オレオレ詐欺の手口

身内などを装い電話をかけてきて、お金をだまし取ろうとするオレオレ詐欺。以下のような手口が知られています。

子どもや孫を装う

もっともベーシックな手口。お金の振り込みを依頼したり、「知人に取りに行かせる」と現金の手渡しを指示したりする。

だましの手口 「風邪をひいていて声が変」「電話番号が変わったから」などとあらかじめ話すため、電話をとった被害者は矛盾に気づかない。

警察官や銀行員を装う

警察官や銀行員など、世間的に信用されている職業を装う

だましの手口 警察官や銀行員のふりをして直接通帳やカードを受け取りに来る。制服を着ている相手への信頼感が上がる「制服効果」を利用する。

あなたの口座が振り込め詐欺に使われています
警察？

このままだと預金が引き落とせなくなります
銀行員？

だまされてしまうポイント

❶身内を装う者、警官などを装う者など複数の人間がストーリーをつくりあげる。電話相手が次々に変わるため、冷静に考える余裕がなくなる。

❷銀行などの終了時間まぎわを狙い、「早くお金をおろさないと銀行が閉まってしまう」などと急がせる。

❸手渡しを指定する場合もあり、「直接渡すのだから安心」という心理の裏をかく。

（▼P22）の働きが原因です。

それに加え、被害者側には「一度はじめたことは最後までやり遂げたい」と考える**コミットメント**※の心理が働きます。お金を用意し、時間通りに指定された口座に振り込むなどの手順を踏ませることで、「ここまでやったのだから、やり遂げねば」という気持ちが強くなるのです。

このようなプロ詐欺師の話術に対抗するには、だましの手口とだまされる側の心理を知っておくことが大切です。

豆知識 怪しい電話はいったん切る

オレオレ詐欺では、①早口でまくしたてる、②知らない情報を次々に並べることにより、相手をパニックに陥れようとします。怪しい電話をとってしまったら、とにかくいったん電話を切り、冷静さを取り戻しましょう。

WORD コミットメント…一度決めたことをやり通そうと考える心理。やりかけた仕事を最後までやるなど、有用な方向に活用することもできる。

集団でだまされる詐欺の手口

あの手この手で金品をだましとる詐欺。心理的な特性を利用した詐欺も増えています。代表的な手口を知っておきましょう。

1 マルチ商法

正式名称は「連鎖販売取引」。消費者を販売員として使って会員を誘い、商品を販売していく商法のこと。
新規会員を増やせば紹介料（リベート）や販売マージン（仕入れ価格と販売価格の差額の利益）が得られるというしくみ。そのため会員がさらに別の新規会員を勧誘し、ピラミッド状にいくつもの階層にわたって連鎖的に広がっていく。ネットワークビジネス、コミュニケーションビジネスなどと称している場合もある。
商品は、化粧品や健康食品、健康器具などを扱うことが多い。

被害実態

紹介料ほしさに親戚や友人を勧誘して人間関係を壊したり、うまく勧誘ができず在庫を大量に抱えたりするなどの問題が生じやすい。

こんなフレーズには要注意!!

警視庁では、マルチ商法に関するホームページで「会員を増やせば利益になる、〝誰でも〟〝簡単に〟儲けられるといった甘い言葉にも注意しましょう」とした上で、次のようなだましのフレーズに注意するように呼びかけている。

- 会員になって新規購入者を紹介してくれたら、高い紹介料が手に入ります
- 月に100万円の利益をあげている人もいます
- この商品は売れますよ。確実に儲かります
- 会員を増やすと、その会員が頑張ってくれた分もあなたの利益になるんです。楽に儲けられますよ

2 催眠商法

ＳＦ商法ともいう。チラシや景品などを使って通行人を販売会場に呼び込み、巧みな話術で場を盛り上げて商品を買わせる商法のこと。

扱う商品は羽毛布団、健康機器、マッサージ器、健康食品、高額化粧品など。

被害実態

会場の興奮した雰囲気に飲まれて、買うつもりのない高額な商品を購入してしまう。主婦や高齢の被害者が多い。

3 ホームパーティー商法

知人や友人などをホームパーティーに誘い、アットホームな雰囲気のなかで「この調理器具がとても使いやすい」「品質のよい下着」などと言葉巧みにすすめて、高額な商品を売りつける商法のこと。

被害実態

近所の主婦など、知り合い同士が招かれるため警戒心を解いてしまいがち。また購入を断ることで、近隣の関係が悪くなるのでは…という気持ちになり、つい高額な買い物をしてしまう。

だまされやすいのはこんな人

だまされやすい人は、詐欺などの同じ手口に
何度もひっかかってしまうそうです。あなたはどうですか？
自分にそのような傾向がないか、チェックしてみましょう。

はっきり断れない人

相手の気分を害したり、自分を悪く思われたりするのがイヤなため、はっきりと断ることができない。

すぐにその気になりやすい人

たとえば「40代は病気になりやすい」などのネガティブな情報によって不安感をあおられ、健康食品などを購入するなど、暗示にかかりやすい。

おだてられるとうれしい人

虚栄心が強く、ほめられたり、お世辞を言われたりすると舞い上がってしまう。ついでに気持ちもゆるみ、ついつい必要でもない商品を買ってしまうということになりがち。

「お得」という言葉に弱い人

お金に対する執着心が人一倍強く、「お得な話」「儲かる話」などと聞くと、リスクをかえりみず飛びついてしまう。自分に都合のよい情報だけ信じてしまう傾向がある。

権威に弱い人

ブランドにこだわったり、地位の高い人が推薦するものならいいモノだと考えたりするのは、権威に弱い証拠。自分の判断基準がしっかりしていないため、だまされやすい。

自分だけはだまされないと思っている人

「知識があるから大丈夫」「自分がだまされるはずはない」などと過信している。自分に自信があるため、だまされたことに気づかないことも多い。

相手を信じたい気持ちが強い人

お人好しで心が優しい人。怒ったり疑ったりというネガティブな感情を相手にぶつけるよりは、信じるほうが気が楽だと思うタイプ。悪意のある人に対して無防備になりやすい。

考えるのが苦手な人

契約書など、大事な書類をいい加減に目を通す、自分にとって得になるのか損になるのかなどの計算をきちんと自分で行わないなど、深く考えるのが苦手。

不安感が高まっている人

ストレスや悩みが蓄積して不安感が高まっているときは、つい気が弱くなりがちに。もともとはだまされにくい人でも、自分に自信がなくなるためだまされやすくなる。

自分に自信がない人

「自分は何をやってもダメ」と思い込んでいる、自信のない人。自分の価値判断が信用できず依存心も強いので、人の言葉を鵜呑みにしやすい。また、自分の力で解決するよりお金を使うなど、簡単な手段に頼りがち。

嘘の手口
05

うわさ話やデマが社会的パニックを起こす

非常時だからこそ冷静に見極めることが肝心

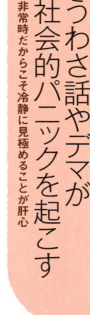

あっという間に広がり社会を混乱させる

「人の不幸は蜜の味」と言われる通り、※**うわさ話**や※**デマ**は本人に悪いとわかっていながらも、ついつい夢中になってしまいがちです。

ですが、このようなうわさ話やデマは必ず本人に伝わり、心を傷つけたり、人間関係を壊したりという結果を引き起こします。

また、対個人にとどまらず、社会全体に影響することもあります。うわさ話がもとになって**集団パニック**という恐ろしい事態に展開する場合があるのです。

うわさ話やデマは、戦時下、災害時といった非常事態において発生しやすく、あっという間に社会に拡散して行きます。２０１１年の東日本

WORD うわさ話／デマ…うわさ話は、事実かどうかに関係なく世間で語られている話のこと。これに対しデマは、まわりをあおるために故意に流す誤った情報のこと。

デマ発生のメカニズム

非常事態ではみんなが不安にかられ、デマが発生しやすくなります。
このようなときこそ、冷静に虚実を見極める姿勢が望まれます。

発生し広がる条件　例 巨大な自然災害が起きたときなど

1 重要性

噴火が起きて
町中が被害に…

生命や財産にかかわるような重要な情報である。

2 あいまいさ

電気も水道も
止まるみたいだよ

情報が不確かでよくわかっていない。

3 不安

この先どうなって
しまうんだろう…

不安が高まるほど、デマは発生しやすく広がりやすい。

拡散させる心理

1 情報欲求

非常時の不安のなかで、危険を回避するために少しでも役立つ情報を得たいと望んでいる。不正確な情報でもないよりは、と信じやすい。

2 伝達欲求

人は、自分が知った情報を善意から人に伝えようとする。また、人に伝えることで、相手と不安感を共有するので、ストレスが解消される。

3 不安感情の正当化

非常事態なのだから、不安になってもしかたないと自分に言い訳をする。さらには、他者を不安にするような話を広めることも正当化する。

4 理性の欠如

非常時においては、人は一種の興奮状態にある。普段なら情報を調べるのに、冷静さを失っているため、聞いた話をすぐに人に伝えてしまう。

大震災の際に、インターネットを通じて、さまざまなデマが飛び交ったことを覚えている方も多いことでしょう。

こうしたデマは一歩間違えば、暴動や**暴衆現象**※を引き起こす可能性があります。人間の集団は、**集団心理**（▼P152）によって、ひとりでは思ってもみないような暴挙に出てしまうこともあるのです。

集団パニックを防ぐためには、一人ひとりが正確な情報を判断し、デマをそれ以上広めさせないように心がけることが大切です。

豆知識 人はとりあえず同調する

人は集団のなかでは、とりあえず合意を求め、間違っている情報でも周囲の意見に従います。これにより、誤った情報や悪意のある陰口が広がることになります。

WORD 暴衆…ある共通した刺激的な要因により、群衆が活発化すること。バーゲンに殺到する利得的暴衆、お祭り騒ぎをする表出的暴衆、フーリガンのような攻撃的暴衆がある。

あなたはどんな人?

Q 以下の項目のうち、あてはまるものに◯をつけてください。

1 自分のまわりに悪い人はあまりいないと思う

2 相手に悪いので、人の話を一生懸命聞くほうだ

3 たまたま運の悪い人が
トラブルにあうのだと思う

4 他人から「効果があった」と聞くと
やってみようと思う

5 有名人や地位が高い人の言うことは
信頼性があると思う

6 人からすすめられると断れないほうだ

7 迷惑をかけたくないので家族にも
黙っていることがある

8 身近に相談できる人があまりいない

9 しっかり者だと思われたい

解説➡P186

PART 5

深層心理に潜む嘘の見抜き方

嘘は見抜くことができます。たとえ、言葉からはわからなくても、
話し方や目の動き、しぐさに嘘は表れます。
そんな嘘を見抜くためのヒントをご紹介します。

表面化する嘘 01

外見やしぐさから嘘を見抜く

嘘は言葉よりも表情やからだの動きに表れる

嘘を見破るなら手足や動作に注目

嘘は、言語だけでなく顔色や動作など**非言語的※（ノンバーバル）コミュニケーション**に表れるといわれています。

嘘をついているときと、そうでないときの様子をビデオで撮影して、表情やしぐさにどのような違いがあるかを比べた実験があります。その結果、嘘をついている人は全体的に動作に落ち着きがなく、**手で鼻や口など顔に触れる、髪の毛を触る、手や指を頻繁に動かす、しきりに脚を組み替えたり貧乏ゆすりをしたりする**ことが明らかになりました。

逆にいえば、人から信頼されたいのなら、自分の無意識のしぐさに注意する必要があるということです。

※WORD 非言語的（ノンバーバル）コミュニケーション…顔の表情、視線、身振り、手振り、相手との距離の置き方など、言葉以外のコミュニケーション方法のこと。

ココロファイル⑦

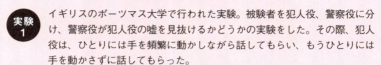

嘘をついている人を見抜く実験

実験1

イギリスのポーツマス大学で行われた実験。被験者を犯人役、警察役に分け、警察役が犯人役の嘘を見抜けるかどうかの実験をした。その際、犯人役は、ひとりには手を頻繁に動かしながら話してもらい、もうひとりには手を動かさずに話してもらった。

結果

手をよく動かして話した犯人役は、そうでない犯人役に比べて４倍近くも「この人が犯人では」と疑われた。

実験2

カナダの心理学者ヘムスレイらは、窃盗をして逮捕された人物がアリバイを証言しているビデオを実験的に作成し、証言者が、ビデオカメラをしっかり見つめて話すビデオと、目を伏せて話すビデオの2種類を用意して、被験者に見せた。

結果

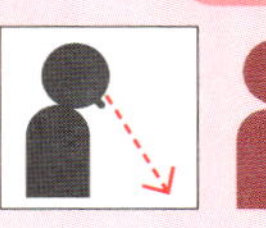

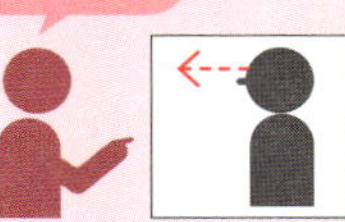

「この人は信用できるか」という信頼性の得点が、目を伏せている人の場合は半分くらいにまで落ちた。これにより、逆に、目を見て話せば倍の信頼感を得られるということもわかった。

イギリスのポーツマス大学で行われたある実験では、**話すときに手を頻繁に動かす人は、あまり動かさない人よりも4倍も疑われる**という結果が出ました。また、カナダのトロント大学の心理学者ヘムスレイらによると、**目を伏せて話す人は、相手の目を見て話す人に比べて信頼性が半分以下**になるという報告もあります。

嘘をつく人は、つい視線をそらせようとしますが、嘘を見抜かれたくないのなら、相手と目があった際にはニッコリ微笑むほうが効果的だということです。

豆知識　女性は見つめる人も多い

嘘をつく人は相手から目をそらしがちですが、女性の場合は逆に相手の目を見つめる傾向がある人も多いということがわかっています。女性の嘘を視線だけで見破るのは難しそうです。

外見やしぐさに表れる嘘の見抜き方

嘘をつくときは、多少の差はありますが罪の意識や後ろめたさ、あせりなどを感じるもの。
それが無意識のうちに顔の表情や身振り、手振りなどに表れてしまいます。
こうした外見の変化に気づくことで、相手の嘘を見抜くことができるかもしれません。

1 足の動き

足は最も嘘が表れやすいといわれている。表情などは意識して誤魔化すことができても、足までは気が回らないため。

例

- **貧乏ゆすりをしている、しきりに足を組み替える：**不安感を抱いていたり、心が動揺したりしている。
- **つま先が出入口のほうを向いている：**早くその場を去りたいという気持ちの表れ。

2 手の動き

手は足と同様、表情などに比べて意識がおろそかになりやすい。また、足よりも複雑な動きができる分、本心が出やすい。

例

- **しきりにこする：**動揺している証拠。
- **口や鼻の辺りにふれる：**緊張・不安を感じている。
- **口元を隠す：**動揺を隠そうとしている。
- **テーブルの下やポケットに入れる：**自分の気持ちを知られたくないという心理が働いている。
- **拳を握る・腕を組む：**警戒や拒絶感の表れ。嘘がバレるのを恐れている可能性が高い。

3 目の動き

嘘をつくとき、多くの人は目がキョロキョロするなど、動揺が目に表れる。

例

- **キョロキョロする**：不安感があったり、いろいろと考えをめぐらせている。
- **下を向く・視線をそらす**：相手を恐れていたり、何かやましいことがある可能性が高い。
- **瞬きの回数が増える**：緊張や不安を感じていたり、話題を変えたいと思っている。
- **サングラスを外さない**：自分の動揺を悟られることを警戒している。

4 表情

後ろめたさを隠すためにポーカーフェイスを装うなど、顔の表情からは意外に嘘を見抜きにくい。いつもとくらべてどこが違うかを見極めることが大切。

例

- **いつもに比べて表情が固い**：後ろめたさや嘘をごまかそうとしている。
- **頻繁にうなづく**：よけいなことを聞かれたくないために、自分から話さないですむよう聞き役に回ろうという心理が働いている。
- **笑いが少なくなる、または笑い過ぎる**：緊張していて心にゆとりがない証拠。ごまかそうとして不自然な笑いが増える場合もある。

5 姿勢

からだの動きと感情は連動しやすい。また、イスに座るとき、浅く座るか深く座るかによって、相手との会話に臨む姿勢がわかる場合もある。

例

- **たびたび姿勢を変える**：会話を打ち切りたいというサイン。
- **イスに浅く腰掛ける**：緊張しているか、早く立ち去りたい気持ちの表れ。あるいはこちらに対して警戒心を解いていない証拠。
- **イスに深く腰掛ける**：初対面にもかかわらず深く座る人は、優位な立場で話を進めたいタイプなので、一方的に会話を進められないように注意。ただし、会話が進んでからならリラックスしてきた証拠。

人を大胆に変えるメイクの嘘

他人からも好印象を持たれる

メイクは仮面の延長

メイク（**化粧**※）は**ペルソナ**※の延長と考えられます。精神科医の**ユング**によると、ペルソナとはギリシャ古典劇の**仮面**を意味する言葉で、**他人に見られている部分**と解釈されます。これも嘘の一種といっていいでしょう。実際、素顔のときは控え目な性格だったのに、いったんメイクをすると積極的・行動的な性格に変わることもあります。

　ある実験で、街頭インタビューのインタビュアーに女子学生を起用し、素顔でインタビューする場合とプロのメイクアップアーティストがメイクを施してからインタビューする場合とでインタビュアーの態度を比較しました。**プロにメイクしてもらっ**

WORD 化粧…仮粧（けしょう）とも表し、白粉（おしろい）などをつけて顔を美しく見せるという意味のほか、都合の悪いことを隠すためにうわべをとりつくろう、虚構・虚飾・脚色などの意味もある。

メイクや髪形、アクセサリーに表れる本音

メイクや髪型、アクセサリーなどの装飾には、その人の性格や好みだけでなく、自分でも気付いていない本心が表れていることもあります。

メイク

濃いメイク…

- 自分に自信がない、あるいは過剰に自分を周囲にアピールしたい。
- 気の弱さや不安を隠そうとしている。
- 違う自分になりたいという願望がある（今の自分は本当の自分ではないという自己否定の気持ちが強い）。

ナチュラルメイク…

- 誠実さをアピールしたい。
- 相手には自分の本心をみてもらいたいと考えており、また、相手にも誠実な対応を求めている。
- ある程度は自分に自信があり、その度合いによってメイクの濃さも変わる。

ノーメイク…

- 自分を飾ることにあまり興味がない。
- 外見が変化することによる周囲の反応を重視していない。
- 人の意見に惑わされることは少なく、こだわりが強いわが道をいくタイプが多い。

アクセサリー

- じゃらじゃらとアクセサリーをたくさんつける人は、自分に自信がなく、見栄っぱりな人。
- 本物志向やアーティスト作の一点ものなどアクセサリーにこだわりのある人は保守的で頑固なタイプ。

髪型

- 額を出す人はオープンな性格。
- 長い前髪で額を隠す人は本音を隠そうとしている。
- 女性の場合、前髪を降ろすのはか弱い自分を演出し守ってもらいたい気持ちの現れであることも。

帽子

- 帽子をよく着用する人は、自分をよく見せたいという願望がある。
- 自意識が強く目立ちたがり。
- 個性が強く近寄りがたい印象を与えることで、他人を拒絶している場合もある。

た女子学生は、素顔のときよりもはるかに積極的に通行人にアプローチし、インタビュー自体も素顔のときとはうって変わって自信に満ちあふれたものになりました。美しくなったことを実感できたせいか、**性格まで大胆で前向きになった**のです。

　メイクすることで他人から好印象をもたれるだけでなく、積極的で自信にあふれた態度に変われるのであれば、これを活用しない手はありません。アクセサリーや髪形、服装など外見を変えられるものは、武器として上手に活用しましょう。

豆知識　メイクを頻繁に変える心理

　メイクへの依存度が高くなってきたら要注意です。お気に入りの自分を求めて頻繁にメイクを変えるようになり、やがてそれだけでは飽き足らず、美容整形を繰り返すようになります。

WORD ペルソナ…もとの意味は演劇において役者が着用した仮面のこと。精神科医のユングは人間の外向きの顔（人格）のことをペルソナと呼んだ。

表面化する嘘 03

会話に表れる嘘のサイン

嘘をついているときは４つの会話のルールが破られる

黙り込んでも話し過ぎても嘘っぽい

しぐさだけでなく、会話からも嘘を見抜くことができます。会話は自由に交わされているようで、実は一定のルールに則っていることが多く、そのルールを外れたとき、人は嘘をついている可能性が高いと考えられます。

そのルールとは、会話の「**量・質・関係・様式**」の4つにかかわるルールです。ここではまず、**量と質**についてみてみましょう。

「量」とは、文字通り会話量のこと。おしゃべりになる、あるいは黙り込んでしまうなど、**会話の量がいつもと比べて不自然に多かったり少なかったりする**ときは、あらかじめつくったストーリーを話していたり、逆にぼろが出ないように言葉数を減らしているなど、嘘をついている可能

嘘を見破る会話のルール違反

心理学者マコーナックによると、会話をするときに守るべき４つのルール「量・質・関係・様式」に相手が違反したときに、人は相手の発言を「嘘だと感じる」としています。

量のルール　過不足なく情報を伝えているか

話し手は聞き手に情報を伝えるとき、言い過ぎても言葉足らずでもいけないというルール。相手は正確に伝えようとしているか疑わしいと感じる。

ペラペラペラ
ペラペラペラ
ペラペラペラ
ペラ……

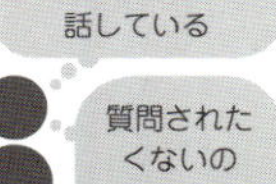
いらないことまで
話している
質問された
くないの
かな？

質のルール　話し手がその話を真実だと思っているか

本当のことを話すべきだというルール。その根拠が疑わしい、または話し手自身が、話している内容を真実だと信じていない話はうかつに信じるべきではない。

K子、彼氏の
浮気現場に
乗り込んで

浮気相手と
大ゲンカした
んだって！

関係のルール　話の文脈と関係のないことを話していないか

話の流れの文脈から、かけ離れたことは言わないというルール。話を続けてほしくない、または遠回しに拒否を表している場合もある。

観たい映画が
あるんだけど
明日は
試験だから
帰って
勉強しなきゃ

様式のルール　あいまいな表現をしていないか

会話の際には、なるべくあいまいな表現は避け、順序立ててわかりやすく話すというルール。何か言いにくいことがあり、それを言わずに済ませようとしている可能性が高い。

ゆうべ何を
していたの？

ちょっと
いろいろ
あって…

性が高いといえます。

次に「質」。これは**嘘や根拠のないことを言ってはいけない**というルールです。嘘を言わないというのはそのとおりだとして、話し手が信じていない話や、真偽が疑わしい話をしているときは注意が必要です。

たとえば、「○○のヤツ、芸能人とつき合ったことあるんだって」などという話は、内容に根拠がなく、話している人も本当だと信じているとは思えないことなどから、うかつに信用すべきではありません。

豆知識　嘘発見器で嘘は見破れる？

嘘をつくとき人は緊張します。嘘発見器は血圧や心拍数の変化など、人間の生理現象の変化から被験者が嘘をついているかどうかを判定します。ただし、個人差が大きいため、科学的根拠は薄いとされています。

表面化する嘘

04

いつもと違う話し方は嘘のサイン

嘘をつくとき人はいつもと口調が変わる

関係ないことを話しあいまいな返答をする

嘘をついている人は「バレたらどうしよう」という心理から、話の流れを無視したりあいまいな返答をしたりします。このように、**通常の会話のルールから外れたら、嘘が疑われます**。ここでは会話の4つのルール（▼P104）のうち、**関係と様式**についてみてみましょう。

会話には、相手の言ったことを受けて答えるという「関係」があります。それが、たとえば「一緒に食事に行かない？」と言われたのに対し、「明日、試験があるんだよね」と返すのは、関係を無視した会話です。**話題を変えたいか、遠回しに拒否している可能性が高い**でしょう。

また会話には、あいまいな表現を

ココロファイル⑧

うれしいことを言われるとだまされやすい

実験 文京学院大学の村井教授は、会話における返答のパターンによって相手がどのように感じるかを調べるため、以下のような調査を行った。

- Aさんは、Bさんと3年間恋人としてつき合っている。
- ある晩、Aさんは Bさんに電話をするが、何度かけても留守であった。
- 次の日、町で偶然Bさんに会ったAさんは『昨夜何度も電話したんだけど』という。

このことに対し、Bさんは次の3つのパターンの返答をした。そのなかで、どの返答がいちばん嘘を疑われないかを調べた。

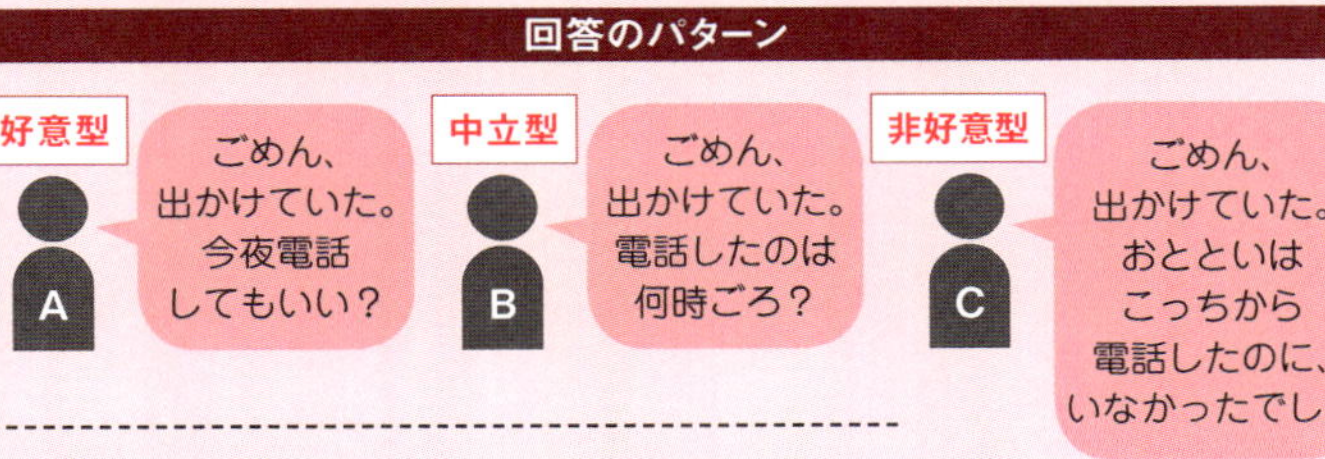

回答のパターン
好意型
A
ごめん、出かけていた。今夜電話してもいい？
中立型
B
ごめん、出かけていた。電話したのは何時ごろ？
非好意型
C
ごめん、出かけていた。おとといはこっちから電話したのに、いなかったでしょ

結果 Aの好意型の返答が、もっとも嘘だと感じられなかった。B、Cと好意度が低下するのに反して、相手を疑う気持ち（欺瞞度）が上昇した（右表）。
好意型の回答を聞いたとき、AさんはBさんが自分のことを気にかけてくれていたと嬉しく感じ、嘘だという疑いが低くなっていたということがわかった。

図　嬉しいことを言われると嘘っぽさは低下する

30
20
10
0
好意度
欺瞞度
好意型　中立型　非好意型

避け、順序立てて明確に伝えるという「様式」が求められます。「何をしていたの？」と聞かれ「いろいろとね…」などと返答をしたときは、**言いにくいことがあるか話の矛盾をつかれたくない**のだと考えられます。

ただし、話し方にはその人の個性や癖が出るため、ルールを外れたからといって必ずしも嘘をついてわけではありません。**いつもと比べて違っているかどうか**が、見極めのポイントになります。

豆知識 **男性のほうが嘘をつく？**

心理学者ロウベルの実験では、複数の男女にいくつか問題を解かせたところ、男性の7割以上が、あらかじめ用意しておいた正答不能の問題にまで、正答したと嘘をつきました（女性は3割程）。これはジェンダー・ロール（性別による社会からの期待）を、男性のほうが強く感じているためです。

相手の答え方から嘘を見抜く

詳しく聞けばいろいろな矛盾が出てくる

「はい」か「いいえ」で答えられる質問はしない

嘘が上手な人の中には、しぐさや会話には変化が表れないつわものもいますが、こちらの質問のしかた次第で、嘘を見抜くことができます。

質問には「はい・いいえ」で答えられるものと、そうでないものがあります。前者は**クローズ・クエスチョン（閉じた質問）**※といい、「恋人はいるの？」というような、「はい・いいえ」で答えられる質問のことです。後者は**オープン・クエスチョン（開いた質問）**といって「昨日何してたの？」など「はい・いいえ」では答えられない質問です。嘘を見抜くにはオープン・クエスチョンを繰り返すことが効果的です。

たとえば、恋人が浮気を隠してい

WORD クローズ・クエスチョン／オープン・クエスチョン…「はい・いいえ」でしか答えられない質問をクローズ・クエスチョン、「気分は？」など、自由な答え方ができる質問をオープン・クエスチョンという。

相手の嘘を引き出す質問テクニック

しぐさに表れない人でも、質問をぶつけていくうちに矛盾が出てきます。

例 恋人が浮気をしているかもしれないとき

質問パターン①「浮気しているでしょ?」

➡クローズ・クエスチョンでは「していない」で終わってしまう場合があるが、返答によっては嘘を見抜けることもある。

浮気なんてしていると思う？

そんなにモテるほど甲斐性ないよ

直接的な返答を避けたり、聞いてもいない一般的な話をする場合は、「していない！」と言い切れない証拠。遠回しの回答で、自分の罪悪感を減らそうとしている。

質問パターン②「昨夜、どこに行ってたの?」

➡「はい・いいえ」で答えられないオープン・クエスチョン。とっさの嘘がつきにくく、質問を重ねていく

友だちとカラオケに行った

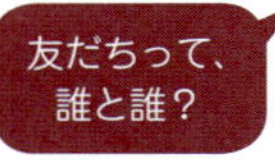

どんな曲歌ったの？

えーと、誰だったかな…

明言を避けてあいまいにしているのは、嘘を考える時間がなく、ハッキリ返答できないから。また、「終電に遅れて…」など余計な情報をつける場合は、信ぴょう性をもたせようとしている証拠。

るかもしれないと思ったら、いきなり「浮気してるでしょ」とクローズ・クエスチョンで問い詰めるよりは、「友だちとカラオケへ行ったんだ？どんな曲、歌ったの」とオープン・クエスチョンで、少しずつ事実を確かめていくことをおすすめします。

　嘘には矛盾が出てくるもの。話の一部を嘘に変えるのはたやすくても、すべてを嘘で固めるのは不可能です。こうした質問に「たくさん歌ったから覚えてない」などと**明言を避けるような答え方をしたら、嘘の可能性が高い**といえます。

使える！ 心理テクニック

返答までの時間に注目する

　答えが返ってくるまでに、かかった時間も重要です。本当のことであれば何を聞かれても即座に答えられますが、嘘をついていると話を考える時間が必要なので、とっさには答えられません。

見抜くのが困難なのはどんな嘘？

「腑に落ちる嘘」と「都合のいい嘘」のワナ

聞いた？ 小川のやつ ○○証券の内定とれたらしいぞ
マジかー
小川と同じ会社うけて落ちた
…
あいつ そんなにまじめに就活してたかな
いや、ちょっと小耳にはさんだんだけどさ…
あいつのオヤジさん関連企業の役員じゃん？ コネを使ったみたいだぜ
そうなの？
ホントか！
だよなーっ
？
やっぱりな！ 何かあるんじゃないかと思ってたんだ

真実から目をそらすのに好都合な嘘

嘘には、見抜きやすい嘘とそうでない嘘があります。見抜きにくい嘘の代表格は、**もっともらしい理由を与えてくれる嘘と、嘘をつかれた人にとって都合のよい嘘**です。

人は、自分の目の前で起こったことに説明がつかないと気持ちが悪いものです。たとえば、友人が恋人と別れたら、その理由を知りたくなりますが、そんなとき第三者から「恋人が浮気をしたから」といったもっともらしい嘘を聞いたら、確認せずに信じてしまいます。

もうひとつの、自分にとって都合のよい嘘もなかなか見抜けません。一緒に入社した同期の社員が自分より早く出世したとき、同僚から「あ

見抜きにくい嘘が成立する条件

嘘も、話し手と聞き手の間で交わされるコミュニケーションのひとつ。
話し手・聞き手双方の性格や心情などがマッチすると、
たやすく嘘が成立し、見抜くことが難しくなります。

嘘の話し手

［話の中身］
①もっともらしい理由を与えてくれるもの
②聞き手にとって都合のよいもの

嘘の聞き手

表情・動作・ふるまいが普段とあまり変わらない

話を聞いてスッキリしたいと思っている

情報格差が大きい嘘も見抜きにくい

嘘をつく側だけが多くの情報を握っていると、嘘は見抜けない。疑わしい話題については、複数の情報にあたったうえで判断することが大切。

いつが出世したのは常務に気に入られたから」「社長の親戚だから」といった嘘の説明を聞かされたとします。それを聞いたあなたは、たとえ証拠がなくても、積極的にその嘘をうのみにします。「自分には昇進に値する能力がなかった」「自分の業績が劣っていた」という**事実はなるべく見たくないから**です。

このように、自分に都合よく受け止めることを**自己奉仕バイアス**※といいます。見抜くのが困難な嘘は、結果的に嘘の話し手と聞き手が共同作業でつくってしまうのです。

豆知識　失敗の記憶は忘れやすい

自己奉仕バイアスは記憶に対してもかかります。楽しかったことや成功した経験はよくおぼえていますが、苦しかったことや失敗した経験は忘れがちになります。

WORD　自己奉仕バイアス…うまくいったことの原因は自分にあり、うまくいかなかったことの原因は自分以外にあると都合よく考えること。自分の失敗は過小評価する一方で、他人の失敗は過大評価しがちになる。

だましたくない相手は？

 あなたは結婚詐欺をしようとしている女性だとします。次のA～Eのうち、あなたが最も「ターゲットにしたくない」と思う男性はどれですか？

A

エリート風で知的な弁護士タイプ

B

まじめで慎重そうな教員タイプ

C

見た目はイマイチだけどお金がありそうなタイプ

D

押しが強そうでマッチョな体育会タイプ

E

ハンサムでさわやかなモデルタイプ

解説➡P187

PART

脳は嘘をつく

脳には、私たちがまだ知らない未知の領域がたくさんあります。
見えないものが見えたり、偽の記憶にだまされたり…。
ここでは、そんな脳と嘘の関係を見ていきましょう。

脳の嘘

01

脳がだまされる錯視の不思議

幽霊は脳の嘘がつくり出す

脳のかん違いでいろんなものが見える

写真に知らない人の顔が写っていた、一瞬、長い髪の女性が見えたがよく見ると誰もいなかった…。いわゆる幽霊といわれるものですが、これらは脳が誤って知覚してしまった**「錯視」**という現象によるものが少なくありません。私たちの脳は、とても勘違いしやすいのです。

模様や形が、人や動物の姿などに見える心理現象を**パレイドリア**※**（変像）**といいます。幼い子どもが空に浮かぶ雲を見て「羊だ！」と言うのもパレイドリアですし、魚の頭部の模様が人の顔に見えるという「人面魚」もパレイドリアの典型です。それが実際には雲や魚とわかっていても、**人間の脳は、一度人や動物の姿**

WORD パレイドリア（変像）…壁のしみや雲の形など、不定形のものが動物や人の顔などに見えてしまう幻視（錯覚）の一種。一度そのように見えてしまうと、なかなか見方を変えられない

さまざまな錯視現象

「錯視」とは脳の錯覚ですが、「パレイドリア」以外にもさまざまな錯視現象があります。その例を紹介しましょう。

物の運動に関する錯視

あるモノが動くと、止まっているモノが動いたように見える。

[例] 波打ち際に立っていると、自分が動いたように見える。

月の錯視

人間の脳は、身体の「上」にあるモノよりも、「前方」にあるモノを「より大きく」認識する傾向がある。

[例] 地平線に近いところにあるときの月はとても大きく見えるが、中天にある月は小さく見える。

色の錯視

まわりにある他の色によって濃淡や面積が違って見えたりする。

[例] 同じ色絵であるにもかかわらず、周囲を明るい色に囲まれたBのほうが濃く見える。

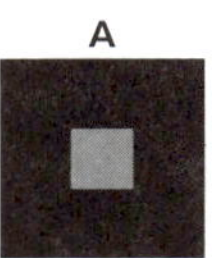

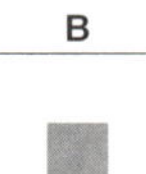

幾何学的錯視

周囲にある線や形によって、モノの大きさや図形などが実際とは異なって見える。

[例] 矢線をつける方向によって、同じ長さの直線でも違う長さに見える(次頁参照)。

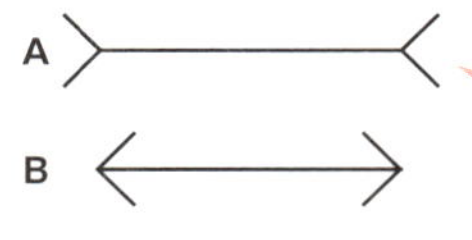

に見えてしまうと、なかなかその錯視から逃れることができません。

パレイドリアによる有名な事件のひとつが、1976年に起きた「**火星の人面岩騒動**」です。NASAの探査機によって撮影された火星の写真のなかに「人間の顔によく似た岩がある」と大騒ぎになり、知的生命体の存在などもほのめかされました。のちにNASAにより、単なる岩であることを証明されましたが「脳の嘘」は時に未知なる物への「夢」も見せてくれるのです。

豆知識　脳は顔に似たものに弱い

「人面魚」や「人面岩」の例のように、人間は「人の顔に似たもの」を直感的に「顔」として捉えてしまう傾向があります。もしもあなたが「幽霊」に出会ったら、落ち着いて目を凝らしてみましょう。

見える？ 見えない？
さまざまな「錯視」の世界

長さや大きさ、角度や色などが、ある条件のもとでは
実際のものと違って見えることを「錯視」といいます。
これは脳によるだましの一種。代表的なものをいくつかご紹介しましょう。

脳のかん違いが原因で起こる「錯視」

「錯視」とは、文字通りに読めば〈目の錯覚〉ですが、実際に錯覚を起しているのは「脳」であることが多いため、〈脳の錯覚〉ということができます。

大きさや長さ、方向、角度などが実際とは異なって見える「幾何学的錯視」、同じ色なのにある条件では違う色に見えたり、色によって大きさが違って見える「色の錯視」、止まっている絵が動いて見えたり、まっすぐのものが曲がって見える「運動視の錯覚」などがあります。

錯視の原因は種類ごとに異なり、そのしくみはいまだに究明できないものが多いのですが、とりあえず、「見えた？　見えない？」と楽しんでみましょう。

錯視 1

ミュラー・リヤー錯視

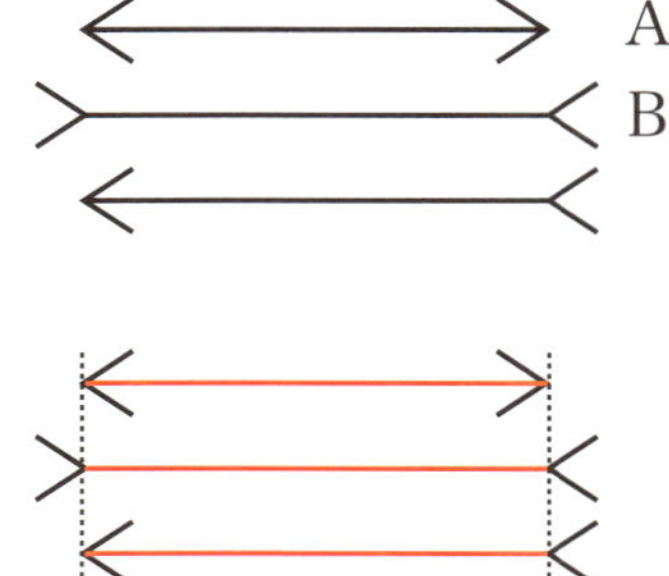

同じ長さの線分の両端に、矢線を付けたもの。実際は同じ長さの線であるにもかかわらず、矢線を内向きにすると線は短く見え（A）、外向きにすると線は長く見える（B）。

錯視 2

フィック錯視

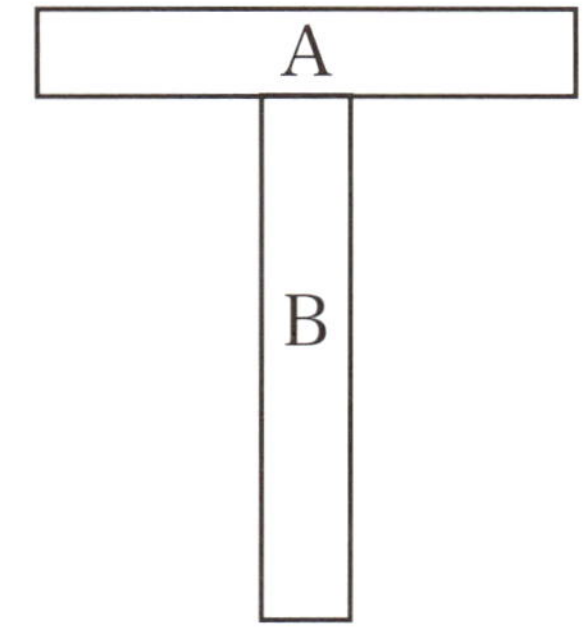

同じ長さの図形は〈縦〉にされたもののほうが、〈横〉にされたものより長く感じるという錯視。

錯視 3

ツェルナー錯視

図にある4本の線分（横線）はすべて平行にもかかわらず、細かな羽（斜線）をのせることで、平行線が歪んでみえる。羽の角度が鈍角であればあるほど、錯視は際立ってくる。

錯視 4

ヘリング錯視

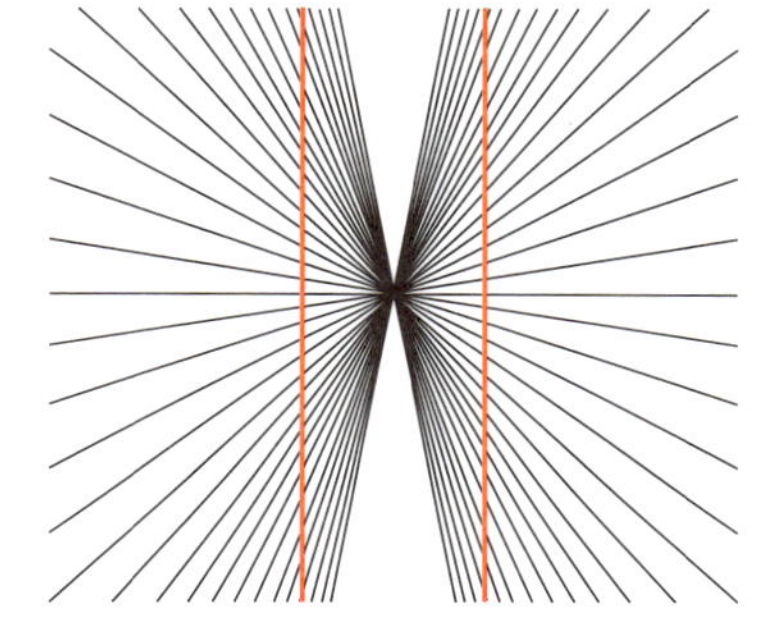

縦に入った2本の線は垂直線にもかかわらず、背景の線分パターンによって中央部が外側に歪んでいるように見える。

錯視 5

デルブーフ錯視

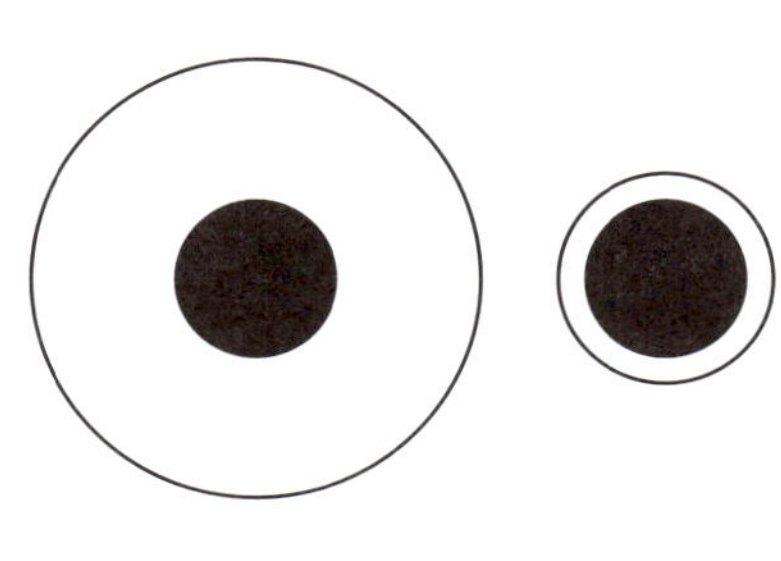

2つの同じ大きさの円を描き、片方にはその外に大きな同心円を、もう一方には小さな同心円を描くと、元の円の大きさが異なって見えるという錯視。

錯視 6

オオウチ錯視

静止画であるにもかかわらず、動いて見える錯視。中央の図の部分と周りの背景の部分が、ゆらゆらと別々に動いて見える。

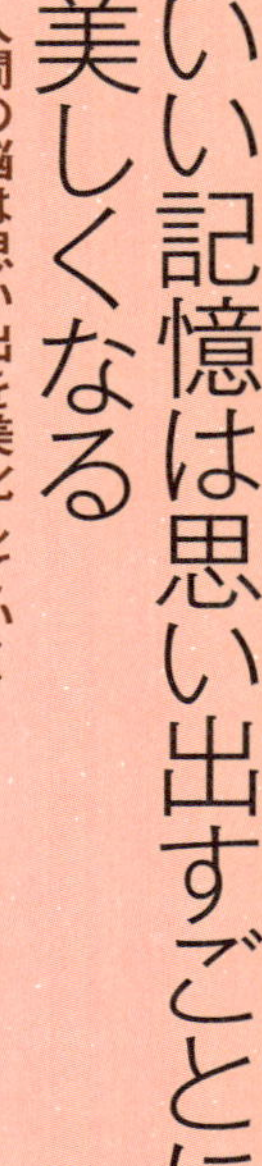

脳の嘘 02

いい記憶は思い出すごとに美しくなる

人間の脳は思い出を美化していく

ポジティブな思い出ほど美しく記憶される

人間の**脳**は、一度覚えたものを忘れ、それを思い出そうとするときに、より**記憶**※が刻み込まれるようにできています。

人の思い出や印象は、前向きで明るい「ポジティブなもの」、後ろ向きで暗い「ネガティブなもの」、そして「どちらでもいいもの」の3つに分けられますが、最初はポジティブな記憶もネガティブな記憶も、同じように脳に記憶されています。

ところが、人間の脳は非常に合理的にできているため、**心に抱えておくと負担になるネガティブな記憶に対しては、意識的にそれを抑え込み、徐々に思い出しにくくなっていく**のです。

※WORD 記憶…脳が過去に覚えたことを、心にとめておくことをいう。そのプロセスには「覚える(記銘)」「覚えた状態を保つ(保持)」「思い出す(想起)」の3段階がある。

人生で最も記憶に残っていることは?

人間の脳には、ポジティブな思い出が記憶されると同時に、
ネガティブなことを忘れ去ろうとする働きがあります。

テスト 以下の質問について、それぞれ3つずつ書き出してみましょう。

①最近あなたが経験したことで、強く記憶に残っていることは?

(　　　　　　　　　　　　　　　　　　　　)
(　　　　　　　　　　　　　　　　　　　　)
(　　　　　　　　　　　　　　　　　　　　)

②これまでの人生のなかで、最も記憶に残っている思い出は?

(　　　　　　　　　　　　　　　　　　　　)
(　　　　　　　　　　　　　　　　　　　　)
(　　　　　　　　　　　　　　　　　　　　)

初恋?
結婚?

診断 多くの場合、①の質問に対しては「ネガティブな思い出」が、また②に対しては「ポジティブな思い出」があがるといわれています。これは、短期的にはネガティブな記憶が強く残りますが、時間が経過するにつれ、ポジティブな記憶が強く残るようになるという脳の働きによるものなのです。

一方、子どもの頃の楽しかった体験のような、思い出すことが快感となる記憶は繰り返し思い出され、深く記憶に刻み込まれます。しかもそのたびに都合よく内容を変化させながら脳にしまわれていくため、**人間の思い出や印象は、時間が経てば経つほどポジティブなものになっていきます。**

つまり、**脳は嘘をついて記憶を美しいものにつくり変えているの**です。これは生を保とうとする人間の本能ともいえるのです。

豆知識 初恋の相手はいつまでも…

「初恋の人と再会したら、印象が変わっていてがっかり」ということはよくあります。これは初恋という美しい記憶を、再生するたびに脳が都合よく内容を変化させてしまった結果かもしれません。

脳の嘘

03

偽りの記憶を真実だと思う

人の記憶は他人の言葉でも変容する

たっだいま〜!
お土産買ってきたよ
バA〜
も〜、お姉ちゃん
部屋で寝な…
あ、ケーキ!
食べちゃおっ
♪
翌朝
あれ?
ショートケーキがない
お姉ちゃん
覚えてないの?
昨日自分で
食べてたよ
いちごの〜
え?
そうなの
そう?
おいしそうに
食べてたよ
そうだったかも…
じゃ、モンブラン
にしよ
ニヤ

相手の言葉ひとつで記憶は歪められる

会話する相手の言葉が引き金となって、人間の脳が「**偽りの記憶**」※をねつ造してしまうのは決して珍しいことではありません。そのことをとてもシンプルな実験で証明したのが、心理学者**タルヴィング**です。

彼はまず、ソファやデスク、テーブル、テレビ、パソコンなどが雑然と置かれた部屋を被験者たちに見せました。その後、被験者をふたつのグループに分けて、片方のグループには「先ほどの〈**リビング**〉に」と言い、もう片方のグループには「先ほどの〈**研究室**〉に」と言って、そこに置いてあったもの思い出してもらいました。

被験者たちは〈リビング〉〈研究室〉

WORD 偽りの記憶…真実とは異なる、ねつ造された記憶。「真実の記憶」に「事実と違う情報」が合わさると生まれやすい。それゆえ、「事実と違う情報」をもたらす他人の言葉の影響が非常に大きい。

ココロファイル❾

記憶は簡単にねつ造される

実験 心理学者のエンデル・タルヴィングは、複数の被験者にデスクやテーブル、パソコン、テレビなどが雑然と配置された部屋を見てもらい、その後、被験者をふたつのグループに分け、それぞれに異なる質問をした。

さっきの**リビング**にあったものを思い出してください

Aグループ

さっきの**研究室**にあったものを思い出してください

Bグループ

結果 Aグループはソファやテレビなど、いかにもリビングにありそうなものを思い出した。なかには、「パソコンは絶対になかった」など、あったものをなかったと言い張る人もいた。
それに対してBグループは、パソコンやデスク、書類といった、いかにも研究室にありそうなものを思い出した。なかには、「辞書があった」など、なかったものを思い出した人もいた。

という言葉に引っ張られて、いかにもそれぞれの部屋にありそうなものを思い出しました（上図）。**同じものを見ていたはずが、質問のしかたによって違う記憶が呼び起こされた**のです。

この実験から、私たちの記憶がいかにあいまいであるかがわかります。このことはつまり、何かを思い出そうとしているとき、仮に他者から嘘の情報を吹き込まれたら、それを本当にあったことだと思い込んでしまう可能性もあるということです。

豆知識 誘導尋問が禁止されている訳

事件の容疑者などに対し、特定の答えを引き出すような聞き方をすることを誘導尋問といいます。相手の記憶を混乱させ、話の内容を変えてしまうおそれがあるため、法律では誘導尋問を禁止しています。

脳の嘘 04

脳が勝手に記憶をつくる

体験していないことを体験したと思い込む

どなたか万引犯を見た人はいませんか
はい！私、見ました
私も
私も
逃げた人の特徴を教えてください
うん
男性で背はあまり高くなかったかな
黒っぽい服だったような…
えーと、ヒゲがあったかも
確かですか？犯人はヒゲの男性ですか？
うーん
そういえばヒゲをはやしていたような…
はやしてましたね
うん うん うん
黒っぽい服の男性でヒゲ…と

まったく体験していない出来事を思い出す？

記憶が事実と微妙に違っているということはよくあることですが、そうした記憶違いではなく、まったく起こらなかった出来事を、なぜか自分の体験として記憶しているというケースもあります。

これは心理学の世界で「**アウトプットの誤謬**」※と呼ばれます。**脳に蓄えられていた情報がいつの間にか形を変え、誤った情報として引き出されてしまう**のです。

このアウトプットの誤謬が注目されるようになったのは、1980〜90年代。きっかけは、北米で心理療法の治療中に「抑え込まれていた、幼児期に親から虐待されていた記憶が蘇った」という報告が相次いだこ

WORD アウトプットの誤謬…実際にはまったく起こっていない、自らが体験していない出来事に対する記憶を生み出してしまうこと。

ココロファイル⑩

記憶は後から植えつけられる

実験 心理学者ハイマンの研究チームは、被験者となる大学生の親たちに、彼らが「2〜10歳の時期に起こった出来事」について事前リサーチした。その上で、被験者の大学生たちには「親にリサーチした幼いころの出来事をどれだけ詳しく思い起こすことができるかを調べる実験」だと告げた。

研究チームは、親たちに聞いた実際に起こった出来事から選んだ3つの情報に加え、学生らが実際にはまったく体験していない「5歳の時に出席した結婚式で走り回り、ひっくり返したフルーツポンチのボウルの中身を花嫁の両親にかけてしまった」という偽情報をひとつ追加しておいた。

結果 被験者は1日おき3回に渡って、これらの出来事について思い出すことを求められた。偽の情報であるフルーツポンチをかけてしまったことについて思い出した人は、思い出す回数が増えるごとことに増加した。

1回目	0%
2回目	20%
3回目	40%

「親に確かめた出来事である」という思い込みによって「偽の記憶」が形成されたと思われる。

とでした。報告を受け、虐待を受けたとして両親を告発する者が多数出ましたが、慎重に調査していくうちに、その被虐待経験の記憶には何の根拠もない事例が出てきました。

実は**これらの記憶の多くは、心理療法を通してあとから植えつけられたもの**でした。きわめて具体的かつ生々しい記憶だったにもかかわらず、本当の出来事ではなかったのです。

このように、人間の記憶はありもしなかったことを「あった」と信じてしまうこともあるのです。

豆知識 幼少時の記憶違い

通常、3歳以前の記憶というのはなかなか思い出せないものです。もしも、それ以前の記憶が鮮明にあるとしたら、それはあとになって家族から聞いたエピソードが、自分自身の記憶として取り込まれているのかもしれません。

05

脳がだまされて病気が治る

ポジティブな思い込みが幸せを招く

新しいビールの試飲会があるんだけどいっしょに行かないか？

ただで飲めるの？行く行く

NEW

いくら飲んでもいいの？

いいんだって♪

NEW BEER

なかなかうまいね！

オレ、いい気分になってきちゃったよ

かなり飲んだな

新作ノンアルコールビール試飲会

思い込むことで偽薬でも効果を発揮

心理学のみならず、生理学的にももっとも不思議で解明しにくい現象のひとつとされているのが**プラシーボ効果**※です。これは、**患者自身が「効果がある」と信じ込むことによって、偽の薬を投与しても実際に効果が認められる現象**のこと。1955年に米国ハーバード大学の麻酔学者**ビーチャー**によって広く知られるようになりました。

プラシーボ効果は、そもそも脳による**思い込み（暗示）**であるため、痛みなど本人が意識する症状には効いても、血液検査などの、本人の意思に関係なく検出される数値には影響がないはずですが、実はその**検査値すら変わることもある**のです。

※WORD プラシーボ効果…薬効成分を含まないプラセボ（偽薬）を「薬」と偽って投与しても、患者の病状が良好に向かってしまう治療効果のこと。ラテン語の「喜ばせる」が語源。

さまざまなプラシーボ効果

「効果がある」と信じることで、偽薬でも病気が治ってしまうプラシーボ効果。さまざまな事例が報告されています。

おもなプラシーボ効果

1. 本物の酒ではないノンアルコールのドリンクで酔う。
2. ボーリング等で自分のスコア平均値を現状より上げることで、実力以上の成果が残せる。
3. 「自分は勉強ができる」と考えながら勉強すると成績が上がる。
4. 飲んだのは偽薬であるにもかかわらず、服用したとされる薬の副作用が実際に起こる。
5. 傷の治療には「偽手術」でも効果がある。

薬の色によっても効き目が違う

プラシーボ効果と似たものに、色によって薬の効き目が変わってくる現象がある。研究によると、うつ病には「黄色い薬」がもっとも効果があり、患者に刺激を与える場合には「赤色」、不安を和らげるには「緑色」、また胃潰瘍など胃腸の不調の場合は「白い薬」が症状を緩和しやすいとされる。これは、人間は色や形に大きく影響されるためだといわれている。

人間は本質的に「病気は治る」「病気は自力で治すことができる」と信じていますが、プラシーボ効果の例は**自分に暗示をかけることで健康を取り戻すことができる脳のスーパーパワー**を証明しているのです。

ミシガン大学**スコット**らの研究では、脳には報酬や快感、恐怖などに対して重要な役割を果たす「**側坐核**（そくざかく）（NAC）」という部位があり、そこが「予測した報酬（薬を飲んだから病気が治る）」に応えようとするからではないかといわれています。

豆知識 偽薬は「うつ」にも効く？

偽薬は「痛み」や「下痢」「不眠」などの症状に対して特に効果がみられるといわれていますが、最近では「うつ病」に対しても研究が進んでおり、有害な副作用を減らした「偽抗うつ剤」に注目が集まっています。

脳の嘘

06

自作したつくり話で人生が決まる!?

頭の中でつくったストーリー通りに人生が進む

幼少時に描いた人生脚本が人生を支配する

誰しも「自分は自分の意思で判断し人生を歩んでいる」と思っています。ところが、**交流分析法**※で知られる精神科医**エリック・バーン**が提唱した**人生脚本理論**によると、人は幼い頃、無意識のうちに自分の未来の脚本を描くというのです。さらに、**その人のその後の人生は、この人生脚本に支配されている**ともいわれています。

人生脚本の筋書きは、だいたい7歳くらいまでのうちにつくられます。そして、その脚本のベースとなるのは、幼少期に両親から与えられたメッセージがカギを握っていることが多いということです。

たとえば、一般に親から優しい言

WORD 交流分析法…1950年代後半に米国の精神科医エリック・バーンによって提唱された心理学理論のひとつ。人格と個人の成長と変化における体系的な心理療法の理論とされる。

不幸な人生脚本を書き換えよう

「人生脚本」は深層心理のなかにあるため、自分では気づきません。そのため脚本を描き直しても元に戻ってしまいがちですが、「人生脚本を書き直して幸せになる」という前向きな考え方で臨めば、書き換えは可能だといわれています。

人生脚本を書き換える方法

1. 幼少期に心の奥に残っている嫌な親子関係、またはまわりの大人との関係を思い出す。
2. それが「本当はこうだったらよかった」と思えるようなことを想像して書き出す。
3. 登場する人名は実名のまま、想像したことを「童話」のような形で紙にまとめる。
4. できあがった「童話」を声に出して読んでみる。
5. 繰り返し読むうちに、潜在意識が上書きされ、ポジティブな気持ちが湧き上がってくる。

母は厳しかったが
それは愛情の
裏返しだった

…おかげで困難を
乗り切ることが
できました
読んでいる
うちに
前向きになれた

葉やスキンシップなど、**「ポジティブなメッセージ」をたくさん浴びて育った子どもは、「自分は愛され、幸せになってもいい存在なのだ」という脚本を描く**といいます。

逆に、愛情のない言葉や無関心な態度など「ネガティブなメッセージ」を受けて育った子どもは、「自分は何をやってもダメな人間だ。誰からも愛されないし、幸せにもなれない」という脚本を描き、それを証明するかのように「不幸な人生」を歩むことになるとされています。

豆知識 不幸から脱却する脚本

不幸な人生脚本から逃れるためには、意識的に「人より努力しよう。誰からも愛される人間になろう」という「対抗脚本」を描くと効果的です。うまくいけば、不幸な人生から抜け出すことができます。

あなたが見る夢は？

Q 下のA～D群のうち、過去に見た夢のなかで印象に残っている人、モノ、出来事などすべてに○をつけましょう。

A 群

会社　デパート
外国人　有名人
祭り　運転する
買う　赤
階段　象

B 群

駅　トイレ
争う　鏡
嫌いな人　嘘をつく
猫　旅行する
黄色　落ちる

C 群

海　緑色
仕事する　歌う
食べる　泳ぐ
果物　山
牛　子供

D 群

家　森
兄弟姉妹　歩く
帰る　結婚する
オレンジ　犬
追う　追われる

解説➡P187

PART

嘘がとりもつ人間関係の心理

本来、嘘はいけないことです。しかし「嘘も方便」という
ことわざもあるとおり、嘘は上手につけば
人間関係を円滑にするコミュニケーションツールになります。

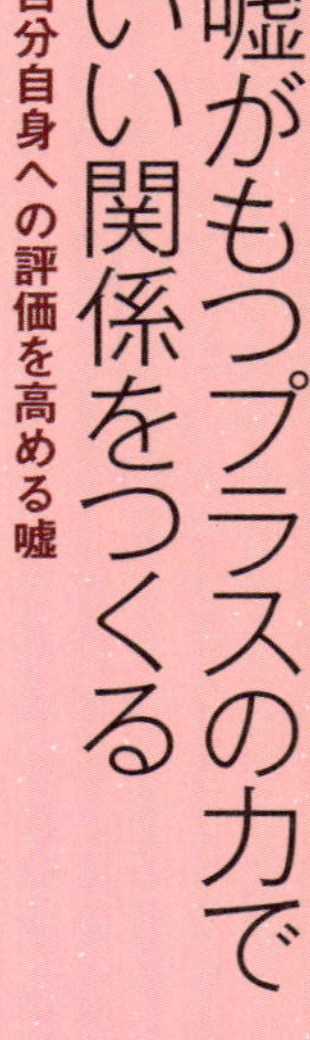

嘘がもつプラスの力でいい関係をつくる

自分自身への評価を高める嘘

嘘であってもほめられると人は伸びる

嘘には人を元気づけたり、考え方を前向きにする効果があることは、すでに述べました。ここでは、嘘のもつプラスの力を使って人間関係を良好にする方法を見ていきましょう。

他人といい関係をつくろうと思ったら、まずは適切な**自尊感情**※をもつ必要があります。自尊感情とは、**自分自身に対する評価**のこと。これが低いと「自分には価値がない」「自分なんていないほうがいい」などと考え、上手に他者との関係を築くことができません。ほめられたり自信のつく体験を積み重ねたりして自尊感情を回復させる必要があります。

そのためにできる手っ取り早い方法が、「**アッハ体験**※」を使って自分

WORD 自尊感情…自分自身を好きだと思い、自分は価値のあるものだと思える感情のこと。「自分は自分だ」という「基本的自尊感情」と、「誰かの役に立っている」と実感できる「社会的自尊感情」がある。

嘘から「アッハ体験」を導く

「アッハ体験」を積み重ねていくことで、自尊感情を回復させることができます。家族や友人に手伝ってもらうと、さらに効果的です。

1 自尊感情が低く自分に自信がもてない。

何をやっても
どうせダメだ…

2 小さな目標を立てて、それに向けて行動を起こす。嘘でも前向きにやる気が出る言葉を言い聞かせる。

大丈夫！
きっと
できるよ
挑戦して
みよう

3 小さな目標をクリアする。

やった！
うまく
いった！
アッハ体験

4 アッハ体験を積み重ねる。

→ 
嘘でもいいから
とにかくほめる

すごい！
よくやったね
アッハ体験

自尊感情が高まる　嘘のもつプラスの力が働き、自信がもてたことで人間関係もうまくいくようになる。

をほめる方法です。「毎日笑顔であいさつをする」など、小さなことでかまいません。目標を決めて、できたら自分をほめてあげるようにしましょう。少しずつ自尊感情が回復してきます。

また、他人からほめられると、さらに効果が高まります。最近のスポーツ選手の育成や社員教育、育児は**ほめて育てる方法が一般的**。たとえ嘘でもいいから「すごい！」「さすが！」とほめられ続けることが、自尊感情を高めるために大切なのです。

豆知識　嘘でもほめて育てる効果

人は、ほめられると自尊感情が育ちます。子どものころからほめられていた人は、そうでない人に比べて、何事にも前向きに取り組むことができます。このことが、良好な人間関係をつくるのです。

WORD アッハ体験…達成感の得られる体験のこと。何かを達成したり認められたりしたときなどに思わず口にするドイツ語の「ach！（やった！）」という言葉からきている。

よい嘘のつき方と悪い嘘のつき方

相手をほめるときは、謙虚な気持ちで嘘をつく

嘘のつき方にもよしあしがある

嘘でも、ほめられた人は元気になったり、実力を伸ばしたりします。とはいえ、ただやみくもに人をほめればいいというものではありません。

人は、自分や相手を評価するときに、他の人の能力や態度と比較しようとします。これを心理学では**社会的比較理論**※といいますが、これには**上向きの社会的比較**と**下向きの社会的比較**の2種類があります。上手な嘘とは、上向きの社会的比較をもとに、つく嘘です。

上向きの社会的比較とは、自分よりも相手の優れている部分を持ち上げてほめること。「（私に比べて）あなたはここが優れていますよ」という、いわば**謙虚な嘘**です。上向きの

WORD 社会的比較理論…自分の能力や態度などを正確に評価したいというときに、自分と似た他者の能力や態度と比較することで判断しようとすること。

嘘の効果を反映させやすい性格とは

嘘であっても「あなたには実力がある」とほめられると、
本当に成績が上がったりします。
そのような「嘘の効果」が反映されやすい性格があります。

あなたはどちらのタイプ？

[外的統制型]
失敗の原因を自分以外の外的環境などに求めがちな人。悩むことは少ないが反省をしないため、同じ失敗を繰り返す。

テレビやゲームなど
誘惑が多い環境なので
勉強に手がつかない

[内的統制型]
失敗の原因を自分の内面に求める傾向がある人。考え込んでストレスを抱えやすいが、その反省を次の機会に生かす。

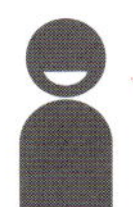
自分が努力を
すれば、きっと
成績を上げられる

嘘の効果が出やすいのは内的統制型の人

内的統制型の人は「努力は報われる」と信じている。そのため、「嘘のほめ効果」が現実になりやすい。

あなたには
実力が
あるよ

次のテストは
もっといい点を
とるぞ

比較は、たとえお世辞であっても人を上機嫌にし、意欲的にさせます。

一方、下向きの社会的比較は、「私は頭が悪いので」とか「どうせブスだから」などと自分を低めることで相手を立てます。本心からそう思っているわけではないので、いわば**自己卑下の嘘**※ですが、自己卑下は一緒にいるまわりの人を不愉快にし、やる気をそいでしまいがちです。

嘘をつくなら、自分を下げるのではなく、相手のよい部分を持ち上げることが大切です。

豆知識 ほめられると力を発揮する

人は、自分を高く見てほしいという「自己高揚動機」をもっています。そのため、自分のよい部分を上手に持ち上げてもらえると、とても気分がよくなり、実力以上の力を発揮することがあります。

※WORD 自己卑下…自分を価値の低い、劣った者だと考えること。

人間関係の嘘 03

相手の言葉の裏を読む

弱さを抱えている人は気持ちをストレートに出さない

ヒロくん、チハルにふられたんだって

ヒトミちゃん、ちょっとなぐさめてやってよ

ヒロくん、元気ないね

どうせ俺はT大卒のイケメン実業家じゃないし

チハルちゃんのタイプとはちがう…

落ち込まなくていいよ！ヒロくんは優しいいし努力家だし…ステキよ

本当にそう思う？

みんなそう思ってるよ

よっしゃー!!

カラオケ行こうぜ!!

ちょっと、元気づけすぎちゃったんじゃない？

言葉通りに受け取ると怒らせることも

前項で、**自己卑下**（▼P133）は相手を不愉快にし、やる気をそいでしまうと述べましたが、相手のほうがなにかにつけて自己卑下するタイプの人であった場合は、どのようにコミュニケーションをとるのがいいのでしょうか。

まず、「どうせ私はバカだから」という人は、本心ではそう思っていません。むしろ**プライドが高く、他人にダメ出しされるくらいなら先回りして自分を評価し、「そんなことないよ」と否定してほしい**のです。これは、欲求と正反対の言動をとる**反動形成**（▼P48）の一種です。

ですから、「そのとおりだね」と返答したら相手のプライドを傷つけ

言葉の裏に隠された相手の真意を読む

目の前にいる人が、本心では何を考えているのか迷うこともあるでしょう。いくつかのフレーズを例に、その真意を読む方法をご紹介します。

1 何かにつけて「どうせ私は～だから」という人

本文で紹介した、自己卑下するタイプ。本当は強い自信とプライドがあり、「そんなことないよ」と言ってほしい。

どうせ美人じゃないから
私だってまんざらじゃないでしょ

2 注意されると、すぐ「すみません」と謝ってしまう人

自分の非を認めたくない。さっさと謝って相手の口を封じ、自分を非難させまいとしている。

すみません。すぐ直します
謝ってるんだからもう何も言わないでよ

3 恋人と連絡が取れないと「どこにいたの」と怒り出す人

強い不安の裏返し。「自分はいつ捨てられるかわからない」と思っているからこそ、相手を必要以上に責める。

何度も電話をしたのに！
捨てないで…

自己卑下するタイプの人は、本来の欲求と正反対の言葉を発することもある。相手の言葉の裏を読み、真意にそって適切に対応することが大切。

てしまいます。かといって、真っ向から否定して「いや、あなたは頭がいいよ」といっても、お世辞だと受け取られるだけです。

まずは、「そんなことはないよ」といったんは否定してあげましょう。そのうえで、たとえば「私は仕事が遅いから」と卑下する人がいたら「その分、ていねいに仕事をするじゃない」などと、「どうせかわいくないから」という人には「やさしいし謙虚で素敵だよ」などと、別の角度からほめてあげると効果的です。

豆知識 「やさしい」は万能の言葉

「あなたはやさしい」と言われて怒る人はいません。「甘い」とか「決断ができない」といった否定的な意味が隠れていることもありますが、どんな時にでも使える万能のほめフレーズです。うまく活用しましょう。

相手の力を引き出す嘘の使い方

期待に応えようとして力を発揮する

ほめられた子どもは学力が伸びる

人からほめられると、誰でも期待に応えたい、もっとがんばろうという気になるものです。

米国の教育・心理学者**ローゼンタール**は、「期待をかけられた子どもは、やる気が出て学力が伸びる」ことを実験によって証明しました。

実験は、小学生のクラス全員に知能テストを受けてもらい、テスト後、担任の先生に、将来学力が伸びる生徒の名前を教えるというもの。その際、先生に教えたのは、実は**無作為に選んだ生徒の名前でしたが、後のテストではその子たちの成績はほかの生徒よりも伸びていた**のです。つまり、担任が「この子たちは有望だ」と期待して接したことが、そのよう

WORD ピグマリオン効果…親や教師の期待によって子どもの成績が向上するという心理効果。もちろん期待されてやる気になるのは子どもだけでなく大人も同じ。

ココロファイル⑪

子どもの“やる気”をさらに引き出すほめ方

実験 心理学者のキャロル・デュエックは400人の小学生を対象に、どうほめられると、子どもたちはよりやる気を出すのかを調べるために、やさしいパズルを解かせた。

1 子どもをAとBのグループに分け、Aグループに対しては「頭がいいね」と才能をほめ、Bグループに対しては「よくがんばったね」とプロセスをほめた。

2 AとBそれぞれの子どもたちに「簡単なパズル」と「難しいパズル」を選択させた。

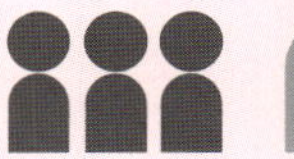
Aグループ
頭がいいね
Bグループ
よくがんばったね

簡単なパズル

難しいパズル

結果 才能をほめられたAグループは大半が「簡単なパズル」を選択し、プロセスをほめられたBグループは大半が「難しいパズル」を選択した。

才能をほめられた子よりも、努力したことをほめられた子のほうが、より困難にチャレンジするようになることがわかった。

な結果につながったのです。

これは※ピグマリオン効果と呼ばれ、子どもに限らず大人にも応用可能です。「期待しているよ」「あなたは、本当はできる人なのだから」と**言い続けることで、やる気を促すことができる**のです。

似た考え方に、地位や職業などの関係によって暗黙のうちに期待される※**役割期待**があります。若くして社長に大抜擢された人が、最初は頼りなくてもだんだんと「社長らしさ」を備えていくような現象が、それにあたります。

豆知識 ゴーレム効果に注意

ピグマリオン効果とは逆に、親や教師が子どもにマイナスの印象をもつと、子どものやる気をそいでしまいます。意思のない泥人形ゴーレムにちなんで「ゴーレム効果」といいます。

WORD 役割期待…相手に対して、社会的立場あるいは関係性のなかでの役割に応じた振る舞いを期待すること。医師、警官、上司と部下、夫と妻など。

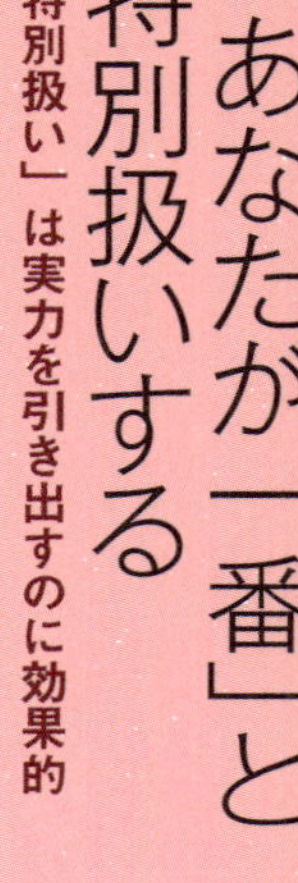

「あなたが一番」と特別扱いする

「特別扱い」は実力を引き出すのに効果的

特別感を持たせて自己顕示欲を満たす

人は、ほめられることで力を伸ばします。加えて**特別扱い**をされるとさらにモチベーションがアップして、本来の能力以上の力を発揮することがあります。これを**ホーソン効果**※といいます。

できるリーダーは、「キミならできるはずだ」「キミだからこそ頼むんだよ」など、相手が「自分だけ特別に認められた」と思えるような声掛けをしているものです。言われたほうは、**認められた快感から「もっとがんばって期待に応えよう」という気持ちになります。**

ホーソン効果は、**自己顕示欲**（▼P34）が強い目立ちたがりの人や、自分が正当に評価されていないので

※WORD ホーソン効果…期待に応えようとして能力が向上すること。米国のホーソン工場で行った実験で、労働者に対し上司が関心を高めることが、生産性向上につながったことから名づけられた。

「特別扱い」が成果を上げるしくみ

**人は「あなただけ」と特別扱いをされると快感を覚えます。
うまくいけば、その人の知られざる能力を引き出すことが可能になります。**

1 自分は正当に評価されていないのではないかと不安を覚える

自分は認められていないのかもしれない…

2 特別扱いする

キミだからお願いするんだよ

自分は特別なんだ！

3 自己顕示欲が満たされ、快感・幸福感が増す

今の仕事が天職に違いない

この仕事に就けてよかった！

4 自分は大事に扱われているという確信をもつことでやる気が出て、結果的に成果が上がる

頑張ろう

成果UP！

はないかと感じている人に、とくに顕著に表れます。ただし、自己顕示欲が強すぎる人はほめられると調子にのってしまい、周囲に対し自分の力をひけらかそうとして逆に反感を買ったり、評価を落ちてしまったりする場合があるので、注意しましょう。

また、特別扱いしすぎると、それをプレッシャーだと感じてしまう人もいます。そういう人は他の人に妬まれるのを心配していることが多いので、人前ではほめず、そっと声掛けするのがポイントです。

豆知識 ほめるときは名前を呼ぶ

ほめ言葉をかける際、「さすが○○さん」「○○くんならできると思った」などと名前を呼ぶことも大切です。あなたの好意が伝わるのに加え、自分は大切にされていると感じ、相手のあなたへの好感度もアップします。

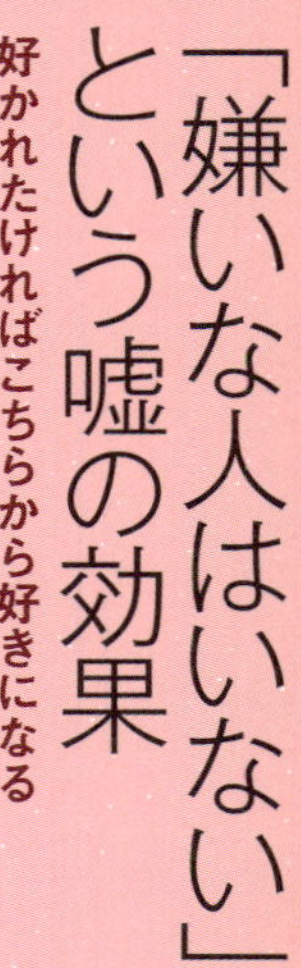

人間関係の嘘 06

「嫌いな人はいない」という嘘の効果

好かれたければこちらから好きになる

好きになろうと思えば人間関係は好転する

「私には嫌いな人はいません」。こんなことをいう人がいたら、どう思いますか？ なにか裏があると訝しく思うかもしれません。しかし、**嘘でもあえて「誰でも好きになろう」という姿勢を示すことが、本当によい人間関係を広げる**のです。

たとえば、あなたがある人のことを好意的に評価したとしましょう。それを聞いた相手は、当然、悪い気はしませんし、あなたのことを好意的に見るようになります。すると、あなたはさらに相手を評価するようになります。

人は、**他人から利益を受けると、それと同じくらいのお返しをしようという気持ちになります。**このこと

ココロファイル⑫

好意を寄せられたらその思いに報いようとする

「これからあなたが電話で話す相手です」と言って、ある男性には美女の写真を見せ、別の男性には人並みの外見の女性の写真を見せた。
その後、電話で話してもらい会話の様子を分析した。

美女の写真

これからあなたが電話で話す相手です

人並みの外見の女性の写真

美女だと紹介された女性のほうが、人並みの外見だと紹介された女性よりも、男性に対してていねいにやさしく応答をしていたことがわかった。

➡男性に見せた相手の女性の写真は本物ではなかったが、「相手は美女だ」と信じ、その女性に好意を抱いた男性は、相手に好かれようとして会話に熱を入れて女性と話していた。

➡電話相手の男性に美女だと思われていた女性は、男性から熱意や好意が伝わってきたため、その思いに報いようと、好意的に応答をした。

お互いに面識がなく、電話を通じての会話だったにもかかわらず、男性のほうからの積極的な好意が相手の女性に伝わった。その結果、好意の返報性が働き、女性の応対も好意的なものになった。

を、心理学では**返報性の原理**※といいます。この原理に従えば、自分から好意を示せば、相手も同じだけの好意をお返ししてくれます（**好意の返報性**）。**人から好かれたいと思うなら、こちらから好意を示せばよい**のです。

そのためにも、まずは嘘でもいいから「私には嫌いな人はいない」、「誰でも好きになろう」と自分に言い聞かせてみてください。言い続けているうちに**自己暗示**がかかり、本当に好意をもつようになります。

使える！ 心理テクニック

好意のきっかけは自分から

あなたが「あいつは嫌なヤツ」「あの人は不親切」などと感じる場合、もしかすると、あなたのほうが最初に嫌な雰囲気をつくったのかもしれません。相手の長所を評価する努力をし、こちらから好意の返報性のきっかけづくりをしましょう。

Q WORD 返報性の原理…人からしてもらったことに対しお礼をしなければと思う心理。試供品を渡して代わりに商品を買ってもらうなど、ビジネスでも応用されている。

人間関係の嘘

07

お世辞や社交辞令も大切なコミュニケーション

相手の喜ぶことは何でもやったほうがいい

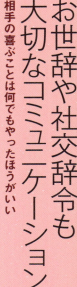

正直であるばかりでは能がない

気の進まない誘いを断るときに、正直に「行きたくありません」と言う人はあまりいないでしょう。「あいにく先約があって」など適当な**社交辞令**※を言って断るのが普通です。

また、接待ゴルフなどで、上司やクライアントがミスショットをしても「ナイスショット！」とヨイショをするのは定番の**お世辞**ですが、この程度のわかりやすいお世辞であっても、言われたほうは悪い気はしないものです。

社交辞令やお世辞は、人に気に入ってもらうための**迎合行動**（▼P38）の一種で、厳密には嘘です。相手に屈するような印象もありますが、たとえその場限りの嘘だとわかって

WORD 社交辞令…相手に好感を与えるために、表面を取り繕って言う言葉。交渉をなごやかに進めるための対話術。リップサービスとも言う。

ほめ方の4タイプ

ほめ方には次の４タイプがありますが、どのほめ方が適切か、
相手や状況を見て判断しましょう。

①相対評価

他人と比較したうえでの評価。

○○さんより
上手ですね

②結果評価

出ている結果に対する評価。

また売上が
トップですね

③絶対評価

他との比較ではなく本人の成果を評価。

今度の企画
すごく斬新ですね

④プロセス評価

努力の過程を評価。

○○さんの頑張りが
認められましたね

①相対評価よりも③絶対評価のほうが、純粋にすごいと思っているという印象を与えるため、ほめの効果が大きい。また、②結果評価よりも④プロセス評価のほうが、いつも気にかけられている気がするため、よりうれしく感じられる。なお、②結果評価や④プロセス評価のほうが、ほめられた側の自信アップにつながりやすい。

いても、相手を喜ばせ、人間関係を円滑にする効果があります。

米国イリノイ大学の**ウェイン**が100組以上の上司と部下を対象に、部下がどのように行動すれば上司が喜ぶかを調査したところ、礼儀正しく振る舞うことや仕事に精を出すことよりも、**とにかくほめまくることが、もっとも上司に喜ばれた**という結果が出ました。

お世辞といっても、その効果にはあなどれないものがあります。処世術として利用してみては？

豆知識　ゴマすり部下の心理

イエスマンといわれるゴマすりの部下がいます。彼らの言動は、実は上司に対する嫌悪感の反動である場合が多いのです。このように、評価を落とさないよう本心とは逆の態度をとるのは反動形成（▼P48）の一種です。

人づき合いを円滑にする お世辞のテクニック

お世辞には、卑屈、あざといなどマイナスなイメージがありますが、上手に使えば人間関係を円滑にするためのスキルになります。

お世辞は立派なコミュニケーション・ツール

　処世のためのコミュニケーション・ツールとして、お世辞は有効です。ただし、あまりに見え見えのお世辞ばかり言い続けるのはちょっと考えもの。どのようにお世辞を言えばより効果的なのか、いくつかテクニックを紹介します。

お世辞のテクニック 1

ハッキリとほめる

○○さん
みたいに
デキる先パイと
仕事ができて
うれしいです!

お世辞は自分が価値ある存在だと思わせてくれる自己高揚動機（▶P133）を満たしてくれるので、たとえ見え透いたものであってもハッキリお世辞を言われると、その相手に好意をもつようになる。

お世辞のテクニック 2

誇張してほめる

ほめるときは多少の誇張も必要。たとえば、単に「さすがですね」ではなく、「ギネス級ですね」「表彰ものですね」などというくらいのほうが、相手には伝わりやすい。

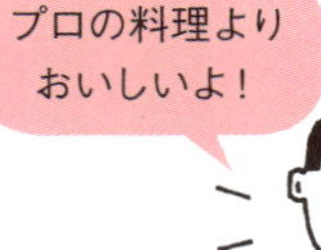

お世辞のテクニック 3

何度でもほめる

お世辞に限らず、相手に印象づけたいことは何度も言ったほうが効果的。
繰り返しほめることで、相手もだんだんその気になる。すると、ほめるほうもさらに心を込めてほめるようになる。

お世辞のテクニック 4

質問しながらほめる

上司や先輩をほめるなら「何かを教えてもらいながらほめること」が効果的。たとえば、「どうすれば課長みたいにうまく商談をまとめられるのか教えてください」などと、さりげなく質問にほめ言葉をまぜるとよい。

お世辞のテクニック 5

相手のこだわりをほめる

ファッションにあまり興味がない人の服装をほめるなど、相手が関心をもっていないことをほめても伝わりにくい。「このアイデアは、読書家の○○さんならではですね」など、好みや趣味などを事前に調べて、その部分をほめると効果的。

人間関係の嘘 08

コミュニケーション力を高める嘘のつき方

みんなが気持ちよくなる嘘のススメ

昨日のラグビーの試合すごかったな
ですよね！三郎丸のキック最高ですね
これね
このあいだまでサッカーしか見ないって言ってたくせに
商談後…
そうだ 昼食でもごいっしょにいかがですか
いえ…
え？
来る前に食べてきたし…
いいですね
ちょうどお腹がすいたところです
あの有名なK飯店！楽しみです
注文取れましたね
よろしくたのみます
ああ
さすがです!!

相手を不快にしないよう言動をコントロール

気配り上手な人は誰からも好かれるものです。というのも、相手を不快にさせないよう常にまわりの空気を読みながら、その場にあった態度や言葉遣いを選んでいるからです。

人間関係を良好にするためには、空気を読み、**必要であればみんなの気持ちがよくなる嘘をつくことが大切**。そんな気配り上手な人になるためには、※**セルフモニタリング能力を高めること**をおすすめします。

セルフモニタリングとは、まるでモニターテレビを見ているように自分の言動を監視すること。この能力の高い人は、**状況をすばやく読み、絶えず自分の行動を客観的にチェックしているため、他者を不快にさせ**

WORD セルフモニタリング…自分の表情や考え方、態度や行動を自分で観察すること。

「セルフモニタリング能力」をチェック!

心理学者スナイダーが作成した、
セルフモニタリング能力を測るテストです。
Yesがいくつあるか、チェックしてみましょう。

		Yes
1	人の真似をするのは下手である	□
2	自分があまり知らない話題でも、適当に合わせて会話ができる	□
3	人の気を引こうとして何かを言ったりやったりすることは、あまりない	□
4	自分を印象づけたり、人を楽しませようとして演技をすることがある	□
5	自分が本当に信じていることしか話せない	□
6	状況と相手によって、まったく別人のように振る舞うことがある	□
7	ジェスチャーのようなゲームや、あらかじめ決まったことから逸脱するのは苦手	□
8	外で見せている顔と心の内とが違うことがある	□
9	人前に出ると気まずく感じ、思うように自分が出せない	□
10	本当は嫌いな人でも、親しげに振る舞うことができる	□

奇数項目にYesが多い人はセルフモニタリング力が低い人、偶数項目にYesが多い人はセルフモニタリングが高い人だといえる。セルフモニタリング傾向の高い人は常に自分を客観的に捉え、その場に適した行動をとろうとする傾向がある。

るような言動は少なくなります。

一方、セルフモニタリングの能力が低い人は、**悪気はなくても、相手の気持ちにかかわらず感じたまま行動するため、「空気が読めない人」と受け取られがち**です（ただし、状況によっては「ぶれない信頼できる人」と評価される場合もあります）。

その場に応じたセルフモニタリングができるよう、一歩引いた視点から自分の行動を観察する習慣をつければ、あなたのコミュニケーション能力は格段にアップします。

豆知識 気の遣いすぎに注意

セルフモニタリング能力が高い人は、相手を不快にする可能性は低いのですが、気を遣いすぎて自分が疲れてしまうことがあります。ときには空気を読まずに自己主張することが大切な場合もあるので、うまくコントロールしましょう。

人間関係の嘘

09

角を立てずに主張を通す方法

正直なだけではコミュニケーションは成り立たない

自分も相手の気持ちも大切にする表現とは

社会生活の中で波風を立てずにうまくやっていくためには、他人に合わせることが必要ですが、そればかりでは自分の考えがない人だと思われてしまいます。ここぞというときには自分の主張を相手に伝えることも必要です。

欲求を押し殺し、自分に嘘をつき続けるのではなく、かといって、攻撃的に自己表現するのでもなく、お互いを大切にしながらコミュニケーションすることを「**アサーション**※」といいます。具体的には**自分の気持ちや考え、信念をその場にふさわしい方法でしっかり表現し、なおかつ、相手の発言をうながすようなコミュニケーション**のことです。

※WORD アサーション…まず自分のことを考え、次いで相手のことも配慮するという、コミュニケーションの技法のこと。お互いが尊重し合いながら自己表現できることを目指す。

3タイプの自己主張のしかた

自己主張のしかたには「攻撃的なアグレッシブ」タイプと「非主張的なノン・アグレッシブ」タイプ、そして「そのどちらでもないアサーティブ」タイプの3つのタイプがあるとされています。

3タイプの主張の違いレストランで注文と違うものが出てきたときの対応を例に

1　攻撃的タイプ（アグレッシブ）

自分の意見を何よりも優先する一方で、相手の主張は無視しがち。勝ち負けで物事を決めたり、相手より優位に立とうとしたりする。

おい、注文と違うじゃないか！
こっちが注文したものをもってこい！
要求は通るが、同席者やウエイターは不愉快になる

2　非主張的タイプ（ノン・アサーティブ）

他者を優先し、自分のことは後回しにすることが多い。ハッキリしないため、言い訳がましいと受け取られることも。本人に理解されないことを恨めしく思っていたりする。

違うものを頼んだと思うんだけど…

ハッキリ変えてといえない…

食べたいものが食べられず萎縮した自分に対しても気分が悪い

3　攻撃的でも非主張的でもないタイプ（アサーティブ）

自分のことをまず考えるが、相手への配慮も忘れない。対立しても自分の意見をすぐには変えず、お互いに譲ったり、譲られたりしながら納得のいく結論を出そうとする。

すみません、頼んだものと違うので、変えていただけますか？

食事に満足でき、店側も客が喜んでくれたので気分がいい

たとえば、相手の意見を「違う！」と真っ向から否定しては反感をもたれてしまいます。同意できない意見であっても、「そういう考えもありますね」といったんは受け入れ、「ところで…」と自分の意見を述べます。

すると、相手は**自分の意見を受け入れてもらったと感じ、お互いに自分をごまかすことなく、考えを伝え合って議論できたことを誇らしく思う**ようになります。こうして歩み寄りながら意見交換ができれば、ひとりの考えよりも、さらに建設的な意見が見つかる可能性があります。

使える！心理テクニック

クッション言葉を活用する

依頼を拒否するときに「申し訳ないのですが」「あいにく」「せっかくですが」などの言葉を冒頭につけると印象が和らぎます。このような言葉をクッション言葉といい、ビジネスではよく使われています。

説得や頼みごとに役立つかけ引きのテクニック

人を説得したり頼みごとをしたりする際に効果的なのは、双方が得をする、よりよい関係をつくれる嘘の利用。ビジネス・テクニックを参考にしたいくつかの方法を紹介しましょう。

ビジネスシーンでよく用いられるかけ引きのテクニック

人を説得したり何か頼みごとをしたりするときには、ちょっとした「かけ引き」を対話に取り入れてみましょう。なかには、一見だましのテクニックのようなものもありますが、あくまでコミュニケーション術。ビジネスシーンでもよく使われているテクニックです。

説得のテクニック 1

先に好条件を出してOKをもらう

「ロー・ボール・テクニック」

依頼を断られないために最初に手を出しやすい条件を見せて相手の気を引き、除々に条件をつり上げていく手法。いったん「いい」と思ってしまうと、相手は断りづらくなる。

説得のテクニック 2

小さな要求から大きな要求へ

「フット・イン・ザ・ドア」

まず小さな依頼を引き受けてもらってから、本来の依頼を引き受けさせる手法。最初から面倒なことを頼むと断られる確率が高くなるが、最初に簡単なことを頼むと、次の要望も受け入れられやすくなる。

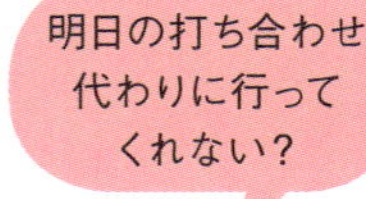

説得のテクニック 3

大きな要求から小さな要求へ
「ドア・イン・ザ・フェイス」

最初に無理な要求をし、断られてから要求水準を下げる方法。相手は一度断ったという負い目から、２度目の要望を受け入れやすくなる。ビジネスにおいては最初に高い見積もりを出し、次に安めの見積もりを出して仕事を受注することはよく使われる方法のひとつ。

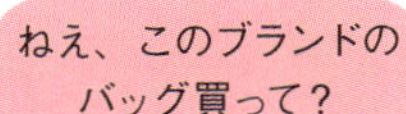

説得のテクニック 4

引き立て役を見せてから
「コントラストの原理」

最初にあえて相手の興味を引かない提案をし、次に本来の目的となる提案をする手法。たとえば、最初に高くてよい品物（A）を見せて、次に安いけれど粗悪な商品（B）を見せ、最後に、（A）よりは安く品質もそこそこの品物（C）を見せると、相対的に（C）が安くてすばらしいものに見える。

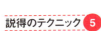

説得のテクニック 5

アピールするなら短所も見せる
「片面提示」と「両面提示」

商品紹介などで長所だけを提示することを「片面提示」といい、長所も短所も提示することを「両面提示」というが、説得力のあるのは「両面提示」といわれている。というもの、長所だけをアピールするのはうさんくさく感じられるのに対し、短所も伝えることで、「この人は包み隠さず話してくれている」と相手の信頼を得ることができるため。

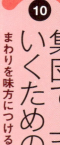

集団で上手くやっていくための嘘の活用

まわりを味方につけるには長いものに巻かれる

本心を偽り周囲に合わせる

学校には校風が、会社なら社風があるように、人は自分の属する集団の雰囲気に染まってしまうもの。意識する・しないにかかわらず、自分だけ浮いてしまわないようにまわりと行動パターンや考え方を合わせようとします（**同調行動**▼P52）。

この同調行動と似たものに**集団心理**※があります。「個」の意識が薄れて簡単に他人に合わせるなど、集団に特有の心理状態のことで、程度の差はありますが、どんな集団にもあります。集団になじもうとする人は評価されますが、一方で、その集団の価値観や雰囲気に合わないと、本人も居心地が悪く、場合によってはその集団から行動や考え方を正され

WORD 集団心理…集団内で形成される、集団特有の心理。団結心が生まれ、協力関係をつくりやすい。その反面、集団にまぎれることで興奮し、判断力が低下してしまうこともある。

集団心理の特徴

いったんコントロールを失うと危険な行動に走ることもある集団心理。
社会心理学者のル・ボンは次のように分析しました。

集団心理の特徴①

モラルの低下

赤信号、
みんなで渡れば
怖くない！

個人の道徳観は集団の中に入ると低下してしまい、無責任な行動や衝動的な行動に走りやすくなる。

集団心理の特徴②

判断力が鈍り暗示にかかりやすくなる

みんなが
そう言うなら…

集団になると正確な判断力が失われてしまいがちに。周囲に釣られることで暗示にかかりやすくまた、その暗示が広がりやすくなる。

集団心理の特徴③

モノの考え方が単純になる

何か
おかしい…

…そんなこと
ないか！

集団の中のひとりになってしまうと、普段は思慮深い人でも短絡的になり、感情に振り回されやすくなる。

集団心理の特徴④

興奮しやすくなる

やっち
まえ！

コンサートやスポーツ観戦などで見られるように、集団の中にいると興奮状態に陥りやすくなる。

集団心理のメリット

集団心理がよい方向に作用すると、一致団結し協力関係が生まれる。ひとりでは不可能なことでも大勢の力で実現させるでき、より大きな爽快感、達成感が得られる。また、自分と考えの同じ人がまわりにいる安心感も味わえる。

たり、排除されたりすることもあります。就職面接でも、面接官が見ているのは、自社の方針を理解して、ほかのメンバーと協調して仕事ができるかどうかです。その集団の中でうまくやっていきたいなら、**本心を偽ってでも長いものに巻かれてしまったほうが得策**だといえます。

なお、集団心理は暴動やいじめなどマイナスに働くこともありますが、プラスに働くと一体感や連帯感によって、ひとりではできない大きなことを成し遂げたり、強い絆や組織のまとまりが生まれたりします。

豆知識

主人が白と言うなら白

長いものには巻かれろとは、力のある者には従ったほうが得策であるという意味。英語でも似たことわざに、「牛が白いと主人が言えば、召し使いは牛が黒いとは言えない」があります。

人間関係の嘘 11

出世の第一歩は上司の真似から

好かれるテクニックを駆使して好意をゲット

似た人を好きになるのは万人共通の原理

人は、**自分に似た人を好きになる**傾向があります。これを**類似の原則**といいます。たとえば、初対面の人同士でも、同じ趣味であったり同郷出身者だったりすると、親しみがわくのは、この原則があるからです。

また、相手のしぐさや表情を真似ることは、※**ミラーリング**や※**モデリング**とよばれ、カウンセラーがクライアント（患者）との信頼関係を築くために使うテクニックのひとつです。

ある実験で、初対面のふたりに話をしてもらい、自分と似た動作をする人とそうでない人とではどちらに好感をもつかを調べたところ、前者のほうが相手に好感をもち、相手も自分に好感をもっていると感じてい

WORD ミラーリング…好感を寄せている相手の仕草や動作を無意識のうちに真似てしまうこと。カウンセラーなどが、信頼関係を築くためにあえて相手を真似することを言う場合もある。

ココロファイル⑬

人は自分の真似をする人を好きになる

実験　ニューヨーク大学のチャートランドは、被験者４人に２人１組で15分間の会話をしてもらい、ペアの片方には相手の姿勢を真似るように指示し、もう片方には何も指示を出さず、ペアになった相手の好意度数を調べた。

真似るように指示された被験者

真似るように指示されなかった被験者

結果　真似をするよう指示された被験者の片方は、相手に対し73%が好意をもった。一方、真似をするよう指示されなかった被験者の片方相手への好意度数は65%にとどまった。

るということがわかりました。つまり、**類似の原則を意識的に利用することにより、人から好かれたり信頼されたりすることが可能**なのです。

もし、あなたが出世をしたいのなら、その第一歩として**上司の話し方や動作を徹底的に真似て**みましょう。言語学者の**フォーク**は、**部下が上司の真似をするかしないかが出世に影響する**と指摘しています。なお、真似るといっても相手に好かれようと無理して**同調**するのではなく、自分から進んで真似ることが大切です。

使える！　心理テクニック

呼吸を合わせる「ペーシング」

セラピストはクライアントとの信頼関係が何より大切です。相手のしぐさや表情だけでなく、話し方や呼吸のペースを合わせるペーシングという手法もよく用いられ、短時間で信頼関係を築くのに効果的です。

WORD　モデリング…ある対象物を見本にして、その動作や行動を真似すること。

見た目で「できるやつ」と思わせる方法

外見を変えればイメージアップできる!?

見た目と評価には深い関係がある

アメリカの心理学者フリーズらのグループが、ＭＢＡ（経営学修士）取得者２０４７名にアンケート調査をしたところ、彼らの**年収と見た目のよさとには関係がある**ことがわかりました。**同等の能力でも、外見でいい印象を与えることができれば、より高評価を得やすい**のです。このことはつまり、ファッションやメイク、身に付ける衣服や小物などを上手く使って**外見を変えることができれば、あなたの印象を変えることもできる**ということです。

手っ取り早く印象を変えたいなら、洋服の色を変えて見た目を変えるという方法があります。たとえば、ちょっと頼りなく見られがちな人は、

色のもつイメージと特徴

色には、多くの人が共通して抱いているイメージがあります。
それを上手に活用すれば、あなたの印象を変えるのに役立つかもしれません。

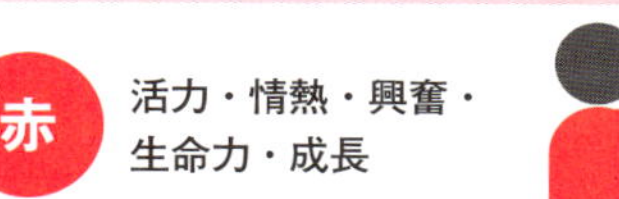

色	イメージ	特徴
赤	活力・情熱・興奮・生命力・成長	自己主張が激しく目立つ色。暖かさを感じる色。自分をアピールしたいときや、自分自身が元気を出したいときなどに効果的。
青	爽快感・信頼感・抑制・冷静	心を鎮め、感情を抑える色。誠実さをアピールしたいときや、1対1のコミュニケーションをスムーズに行いたいときに効果がある。
黄	知性・希望・喜び・明るさ	元気の出る色。左脳を刺激し知性を高める色でもあり、理解力、記憶力、判断力を高める。人を楽しくさせたいときに効果的。
黒	神秘性・権威・強さ・拒絶・高級感	高級感や圧力、権力を感じさせる色。威厳を示したいときに効果的。一方で、まわりの色を鮮やかに引き立てる効果もある。
白	清潔・爽やか・健康・出発・信頼感・無垢	清潔感、新鮮さ、みずみずしさを感じさせる色。新しいことの始めるときや初対面の人に会うときに身につけると効果的。

黒っぽい服装にすると、できる人だという印象を与えやすくなります。

また、赤系は生命力や成長を感じさせるので、**自分をアピールしたいときなどは、どこかに赤を取り入れておくと効果的。**逆に色選びで失敗したくないなら、**清潔感と信頼感がある青系が、どんな場でも安心**です。

このように、色の性質を活用して外見を変えるだけでも、自分の欠点を補ったり、よりよく見せたりすることができます。中味を変えるのが難しいという人は、ひとまず外見を変えてみてはいかがでしょうか。

豆知識 外見と人間性の関係

外見のよい人は、人間的にも優れているように見られがちです。これは、ハロー効果（▼P85）によるもの。何か顕著な美点がひとつあると、他のこともよく見えてしまうのです。

嘘をつかないようにするには

「書く」ことで嘘を防ぐことができる

意見をコロコロ変える人は決めたことを書いておく

これまで、よい人間関係を築くための嘘を見てきましたが、ここではあえて、嘘をつかないようにする方法をご紹介しましょう。

人は、口に出したことは実行しやすくなります（▼P78）。そして、口に出すだけでなく、**紙に書いたほうが、より確率が高くなります**。

ある実験で、被験者を3つのグループA、B、Cに分け、ある問題についての意見を聞きました。その際に、Aグループには、意見を紙に書き署名してもらい、Bグループには、意見をホワイトボードに書いたのち、すぐ消してもらいました。そして、Cグループには、意見を頭の中にしまっておいてもらいました。

書くことは人の信念を強くする

口に出すだけでも嘘を減らすことができますが、書き出して、さらに署名までですることで、より自分の信念を貫こうとする力が働きます。

ある問題についての意見を聞いた

Aグループ
自分の意見を文書に書き書名して提出

Bグループ
自分の意見をホワイトボードに書いてすぐ消す

Cグループ
自分の意見を頭の中だけにしまっておく

最初に伝えた内容が間違っていたと伝え、再度意見を求めた

口に出さず、書きもしなかったCグループはたやすく自分の意見を変えたが、紙に書いて書名までしたAグループは、もっとも自分の信念を曲げなかった。

その後、最初の意見が間違っていたと伝え、再度意見を求めたところ、意見を変えた人の割合は、C、B、Aの順に高くなったのです。**自分の意見を紙に書いた人は信念を曲げにくい、つまり、書いたことは嘘にしにくい**ことがわかります。

願い事や目標を手帳に書くと、叶いやすいとよくいわれますが、根拠があったのです。言ったことを守れない、意見をコロコロ変えてしまうという人は、**決めたことを紙に書いておく**とよいかもしれません。

豆知識　禁煙の貼り紙に効果あり

禁煙やダイエットはまわりに宣言すると成功しやすくなりますが、さらに成功率を上げたいなら、紙に大きく「禁煙」「目標○kg減量」などと書いて、目に付くところに貼っておきましょう。より強い拘束力を発揮します。

嘘がバレたとき、どう対応しますか?

Q 以下の2文を読んで、それに結びつく文節をA か B、a か bからそれぞれ選んでストーリーを完成させてください。

どうしてもゲームをやりたくて、嘘をついて学校を早退した太郎くん。帰り道に近所のおばさんが声をかけてきました。「もう学校終わったの? 早いね」
太郎くんは答えました。 (**A** か **B**から続きを選択)

A

「ちょっと風邪みたいなんです」と、いかにも具合が悪そうにしてみせました。
すると、おばさんが突然、額に手を当ててきたのです。
一瞬ドキッとした太郎君でしたが、おばさんは「熱はないみたいだけど、ちゃんと寝ていなさいよ」と解放してくれました。

B

「ちょっと風邪みたいなんです」と、オドオドと答えた太郎君。するとおばさんが突然、額に手を当ててきたのです。驚いた太郎君はおばさんの手を振りほどき、家に向かってダッシュしました。

家に着いた太郎くんはさっそくゲームを始めました。お母さんが帰って来る夕方の5時までにゲームをやめれば大丈夫。ところが、お母さんが2時間も早く帰ってきました。「ガチャッ」と玄関を開ける音に、ハッと気づいたときには後の祭り。「こんな時間に何やってるの!」と怒鳴られた太郎くんは…。 (**a** か **b**から続きを選択)

a

慌てながらも、ゲームをする手は止めず「お母さんこそ、早いじゃん。どうしたんだよ」と答えます。「お母さんは用事があって。そんなことよりゲームやめなさい!」「今いいところなんだよ。あとで説明するからさ」そんなやりとりを交しながら、とりあえずゲームを続ける太郎くんでした。

b

慌ててゲームの停止ボタンを押しました。「学校をさぼったの?」怖い目で近寄って来るお母さん。太郎くんは頭が真っ白になってしまいました。

解説➡P188

PART

8

恋愛を成就させる嘘の心理テクニック

誠実であることこそが愛の証だと思うかもしれませんが、
実は嘘と恋愛は切っても切り離せない関係。
嘘をうまく使えば、あなたの恋愛は必ずハッピーになります。

恋愛の嘘

01

恋に嘘はつきもの？男の嘘と女の嘘

男と女の嘘には大きな違いがある

この映画観たいっていってたよね

え？ああ…

もしかしてもう観たの？誰と？

それより、こんな写真が落ちていたんだけど、誰？

この男誰!?

これはナツコの別れた彼氏！

返して

捨てられないっていうから預かったの！

ヤバイヤバイ、元彼の写真捨てるの忘れてた…

それより誰と行ったの？

……！

誰と!?

嘘をつくのも見抜くのも女性が上手

恋するふたりの間に嘘など存在しないのが理想ですが、相手を大事に思うからこそ嘘をつかなければならない場合もあります。でも、**男の嘘と女の嘘には、その目的やついたときの態度に大きな違いがあります。**

男性の場合、相手とうまくやろうとしながらも、**見栄**※**や利害**などで、**常に相手より優位でありたいために嘘をつきます。**一方、女性は**相手との関係をうまく保っていくために嘘をつく**といわれています。

また、嘘をついたときの態度にも、違いが出ます。心理学者**エクスタイン**によると、**男性は隠しごとをしているときに目をそらしがちなのに対し、女性は相手の目を見つめる時間**

WORD 見栄…人の目を意識して、実際以上によく見せようとすること。人は誰しも他人に認められたいという欲求をもっており、見栄をはるのも自分を優位に立たせるための一種の本能行為。

恋人の嘘を見抜くサイン

本人は普通に会話しているつもりでも、嘘をついているときは自然とサインが出てしまうもの。自分自身も振り返ってみましょう。

嘘のサイン①

会話のテンポが遅くなる

……なぜ …………
……そんな ことを……

嘘をつこうとすると話のつじつまを合わせる時間が必要になるため、会話のテンポが落ちる。「え？なんでそんなこと聞くの？」というリアクションも時間稼ぎの一種。

嘘のサイン②

言い間違いが増える

うーん、たしか5月 だったかな

嘘をつくために脳をフル回転させた結果、言い間違いが増えたり、滑舌が悪くなったりすることがある。また、話のつながりが不自然だったり、記憶違いが増えるのも要注意。

嘘のサイン③

簡潔に「出来事」だけを語る

普段はおしゃべりなのに、出来事に対する「感想」がない。これも嘘をつくときにありがちな態度。「出来事」と「感想」の両方に嘘をつくのは大変で、出来事を語るのに精一杯なため。

嘘のサイン④

話が流暢（りゅうちょう）すぎる

たまたま 学生時代の 友人に会ったら 相談があるって 言うから飲みに 行って…

急に流暢に話し出すのも危険信号。「疑われないためにとにかく話さなきゃ……」という焦りが必要以上に口数を多くさせる。特に、事前に用意した嘘の場合は御用心。

が長くなるといいます。これは嘘をつくことに対する覚悟の差で、男性ほど気安くつかない分、女性の嘘はバレにくいといわれています。

さらに、**嘘を見抜くのも女性のほうが得意**。これは赤ちゃんが何をしてほしいのかを察知する「直感力」が鋭いためといわれています。心理学者**ローゼンタール**のテストにおいても、**表情やからだの動きなど、言葉以外の要素から相手の心理状態を読み取る能力は、男性より女性のほうが高い**ことがわかっています。

豆知識 だまされるのも愛

アメリカの心理学者キーナンらの調査によると、嘘を見抜く能力がより高い女性は、そうでない女性に比べて恋人や夫がいない確率が高いそうです。幸せな恋愛を手にするには、あえてだまされたフリをすることも大切です。

恋愛の嘘

02

胸のトキメキにだまされる

緊張・興奮状態を恋だと勘違いしてしまう

そのトキメキは恋か？それとも興奮か!?

「相手と目が合うとドキッとしてしまう」「そばにいるだけでドキドキが止まらない」…古今東西、恋はトキメキから生まれるといわれますが、その一方で人間は、スリリングな体験やスポーツなどで生理的興奮状態にあるとき、その**胸のドキドキを恋愛感情によるドキドキと勘違いしてしまう**ことがあるのです。

　これは**恋の吊り橋効果**※といわれるもので、カナダの心理学者**ダットン**と**アロン**によって発表されました。

　ドキドキする状況（**高い吊り橋を渡っているなど**）**を誰かと共有すると、その相手と恋が芽生えやすい効果がある**というものです。

　実験では不安定な吊り橋が利用さ

※WORD 吊り橋効果…不安定に揺れる吊り橋を渡ったときなどに感じる生理的なドキドキを、恋愛感情によるドキドキと勘違いしてしまうこと。

吊り橋効果をさらに恋に活かすテクニック

日常生活のなかで吊り橋効果を活かすために、相手を生理的にドキドキさせるシチュエーションにちょっとしたテクニックを加えてみましょう。

恋の吊り橋実験とは?

18〜25歳までの独身男性を対象に、揺れる吊り橋と揺れない橋の2か所で実験した。ともに橋の中央で女性が話しかけ、後日の連絡を求めると、揺れる吊り橋の男性からはほとんど連絡があった。

不安定な吊り橋

"吊り橋効果"をもたらすその他のシチュエーション

- 肝試し
- ホラー映画
- お化け屋敷
- ジェットコースターなど絶叫系アトラクション
- 登山
- 運動中(ジム、マラソン、ダンスなど)
- スポーツ観戦
- 会社や学校で誰かに一緒に怒られる
- 小さないたずらを一緒にする……etc

さらにドキドキをプラスする心理テクニック

- 左側に立つ:人間の心臓は左側にあるので、気になる相手と話すときは左側に立つ。
- お酒を有効利用する:アルコールは心拍数をあげる効果がある。
- 暗いところでデートする:暗闇は親密度を増しやすい(▶P180)。
- 一緒に笑う:脳内で快楽物質ドーパミンが出て恋愛感情を抱きやすくなる。
- 秘密を共有:小さなこと、ささいなことで構わないので、相手と秘密を共有する

れましたが、ホラー映画やジェットコースター、ハードなスポーツや登山なども、吊り橋効果が得やすいシチュエーションです。

気になる相手に恋心を抱かせたいのなら、吊り橋効果を狙ってみるのもひとつの方法です。たとえ勘違いによってもたらされた偽のトキメキであっても、恋が芽生えるのであれば、活用したほうがいいでしょう。

また、吊り橋効果は**恋のきっかけづくりだけでなく、マンネリを解消する方法としても効果的**です。

豆知識 恋愛に刺激は不可欠

せっかくつき合い始めても、マンネリデートは破局の原因。恋を長続きさせるには、ここで紹介したような吊り橋効果をもたらす新しいことや刺激的なことを、ふたりで一緒にする提案をしましょう。

恋愛の嘘

03

偶然出会ったフリは恋を叶える第一歩

単純に顔を合わせるだけでも好感度が上がる

すみません、大丈夫ですか?
パタッ
たいして濡れていませんからご心配なく
わ! イケメン
翌朝
あ! 偶然ですね
ああ! 昨日の…

偶然の出会いが続くと運命と勘違いしてしまう

恋愛の第一歩は「出会う」ことから始まりますが、同じ職場やクラスはもちろん、一緒の電車で何度か顔を合わせているだけでも無意識に心の距離が縮まることがわかっています（※単純接触の原理）。しかも、**単純接触の回数が増えれば増えるほど、つまり顔を合わせる機会が多ければ多いほど、自然と相手への好意も高まる**のです。

とはいえ、恋を成就させたいと願うなら、もう一歩踏み込むことが必要。それが**偶然を装って会う**という心理テクニックです。たとえば、同じ職場や学校に気になる相手がいるなら、その人と会う機会を積極的につくりましょう。相手の通勤・通学

WORD 単純接触の原理…同じ人の顔を何度も見ているうちに、その人に対して好意的になること。写真であっても同様で、人に限らず、さまざまなモノ・ことに対しても起きる。

ココロファイル⑭

偶然の一致は好感度をアップする!?

実験 心理学者アベルは、大学生135組のペアに対し、赤と青のボタンがある装置を使用して、以下の実験を行った。

ペアになった男女がそれぞれ同時に赤と青いずれかのボタンを押し、そろって同じ色のボタンを押した回数をカウントする。

青！

しかしこの装置には、学生たちが押した事実とは関係なく、〈10回中８回一致したペア〉と〈10回中２回しか一致しなかったペア〉をあえてつくり出すよう細工がされていた。

10回中8回一致　10回中2回一致

結果

10回中8回一致

また組みたい

７割以上のペアが「次の実験も同じ相手と組みたい」と回答

10回中2回一致

同じ相手と組みたいと回答したペアは６割弱だった

この結果は、偶然が重なったことで相手に特別な感情が芽生えたことを示している。偶然の一致は相手に好意をもたせる効果がある。

時間がわかるなら自分もその時間に合わせて行動し、**偶然を装って顔を合わせる機会を増やす**のです。

何度か会って顔を覚えてもらえるようになるころには、相手もあなたとの**度重なる偶然に、何か意味があるかもしれない**と考えるようになっています。**偶然の出会いがまるで運命に導かれた、必然的なことのように思えてくる**のです。

こういう心の働きを**原因帰属**※といいます。「偶然」ということが、なおさら「ふたりの間には何かがあるに違いない」と思わせるのです。

豆知識　偶然を「運命」と考える

好きな人ができると「この人が運命の相手だ」と思うことがあります。これも原因帰属の働きによるもの。度重なる偶然が「運命かもしれない」という心理効果を相手に与えるのです。

WORD 原因帰属…自分の身の回りに起きるさまざまな出来事や行動などに対して、その原因をどこに求めるか（帰属するか）ということ。

相手の好みに合わせる恋のテクニック

恋愛初期に有効な「印象操作」

人は気に入られるために相手の好みに合わせる

恋人が代わるたびに、ファッションや髪型まで変わってしまう人がいます。一見、自分の意思がないかのようですが、実はこうした心理は、誰もが心の内に秘めているのです。

魅力的な人に出会ったとき、その人と恋愛関係を結びたいと思うのは、男女を問わず、ごく自然なことです。その際に問題となるのが、知人から恋人へとステップアップする方法。そのとき頻繁に行われるのが、**相手の理想像に合わせた自分を見せて、**その人の気持ちをつかもうとする**印象操作**※です。

たとえば、普段クラシック音楽など聴かない人がモーツァルトを聴き始める。生涯キャリア女子を宣言し

WORD 印象操作…相手によい印象を与えるために、自分を相手の好みに合わせること。印象操作は、自分が好意をもたれたい相手に対してのみ行われる。

ココロファイル15

自分の印象を相手好みにする

1 アメリカの女子学生に対し、「伝統志向か？」「キャリア志向か？」を事前調査。そこで「キャリア志向」と答えた女子学生たちに「プロフィールを読んで相手の男性の第一印象を想像してもらい、それがどれくらい正確か、会って確かめる実験である」と説明した。

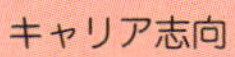

2 男性のプロフィールには「身長183cm、プリンストン大学の３年生で趣味はドライブとスポーツ。現在、恋人募集中」とあり、「理想的な女性は物腰が柔らかく家庭的で、夫をたてる女性」と書かれていた。

理想の女性は家庭的

3 次に女子学生たちは、自分の情報を男性に伝えるための質問表に記入。その質問表には、事前調査と同じ「伝統志向か？」「キャリア志向か？」という項目が入っている。

事前の調査とは反対に、多くの女子学生が「自分は伝統的な女性である」と回答。相手の好みに合わせた印象操作を行った。

伝統志向！

男性の情報を「三流大学で背が低く、ドライブにもスポーツにも関心がなく、すでに恋人がいる」とした場合、相手の好みに合わせようとはしなかった。印象操作は、好意をもたれたい相手のみに行われた。

ていたはずの女性が、急に料理教室に通い始めるなど、**相手の好みに合わせることで、好意を寄せられることを期待する**のです。

この作戦、恋愛初期の段階で好意的な関係を築くためには、とても有効です。心理学では**認知のバランス理論**※として説明されていますが、**同一の趣味や共通の関心事をもっている相手に対して、人間は好意を抱きやすい**のです。相手の好みに自分を合わせるのも、嘘を上手に使った恋愛のテクニックのひとつです。

豆知識 自分も大事に

「趣味嗜好が似ている」「話が合う」というのは、恋愛に発展する重要なポイントですが、好意を長続きさせる上で大切なのは「類似数＝いくつ合うか」ではなく「類似度＝どれだけ合うか」です。嘘は長続きしないのです。

WORD 認知のバランス理論…自分の考えと異なる状態の物事に対し、バランスを取ろうとすること。たとえば、好きな人が好んで聴く音楽なら、自分も好きに違いないと考え、実際に好きになろうとすること。

恋愛の嘘 05

ツンデレで相手の心をつかむ

嫌いなふりが相手を燃え上がらせる

好きだからツンとする そのギャップに効果が

いつもはツンとしているのに、ふたりきりになると急に甘えてくる。自立してバリバリ働いているしっかり者が、ある瞬間、自分に頼ってくる。そんなギャップのある態度を**ツンデレ**と呼びます。実は好きな人を振り向かせるのに、このツンデレが効果を発揮することが心理学的にも証明されています。

心理学者**アロンソン**と**リンダー**の**好意の賞賛・批難実験**※によると、最初から一貫して自分に好意を示す相手よりも、**自分のことを嫌っていた相手から急によく評価されたときのほうが、相手への好意は急激にアップする**といいます。

つまり、気になる相手を振り向か

WORD 好意の賞賛・批難実験…人に対する好悪の印象は、自分に対する評価によって変わるということを実証。初めの評価に関係なく、最終的に良い評価を得ることが評価者への好意を決める。

ココロファイル⑯

ツンデレも自己アピール方法のひとつ

実験 心理学者アロンソンとリンダーは、被験者と評価者を断続的に7回対面させて短い会話をしてもらい、その都度、評価者に〈被験者に対する印象〉を4パターン（A〜D）で述べてもらった。そして、その評価結果から、〈被験者が評価者に対して感じた好感度〉を調査した。

結果

A 最初は悪い評価（－）をし、途中からよい評価（＋）をする

➡評価者に対して、非常に好意をもつ（＋＋）

B 最初から最後まで一貫してよい評価（＋）をする

➡評価者に対して、好意をもつ（＋）

C 最初から最後まで一貫して悪い評価（－）をする

➡評価者に対して、嫌悪感をもつ（－）

D 最初はよい評価（＋）をし、途中から悪い評価（－）をする

➡評価者に対して、非常に嫌悪感をもつ（－－）

「最初から一貫してよい評価をする」評価者よりも、「最初に悪い評価をし、途中からよい評価に変わった」評価者に対してのほうが、好意の度合は増すことがわかった。

せたいのなら、最初から「好き！」と本心を伝えるよりも、**恋心は隠しておき、あえてツンとクールな態度を演じてみると効果的**だということです。そして相手が「もしかして嫌われてるのかな？」と不安になったところで、「実はあなたのことがずっと好きだった」と告白します。

相手にとってはまさかの驚きですが、その意外性こそがツンデレの効果。**ストレートに告白するよりも何倍も強い好意を、あなたに示してくれる**に違いありません。

豆知識　ツンデレの逆バージョン

「かわいさあまって憎さ百倍」ということわざがあります。好きだった人から裏切られると、好意があったぶん、憎しみもより大きなものになってしまうということ。ツンデレの逆パターンには注意しましょう。

しぐさや振る舞いから相手の好意を判断する

「好き」という思いは、隠そうとしてもそのしぐさや振る舞いに表れてしまうものです。相手があなたのことをどんなふうに思っているのか、「しぐさ」や「振る舞い」に込められたメッセージの意味を探ってみましょう。

「しぐさ」や「振る舞い」に込められたメッセージとは

「好きな人の前だと緊張して上手く話せない」という悩みがある一方で、心理学者メラビアンの研究によると、人は会話の内容よりも、自分と話しているときの相手の「表情」や「声の調子」から、相手が自分に対してどんな感情を抱いているか判断していることがわかりました（メラビアンの法則▶P67）。

「アイコンタクト」と「うなずき」「あいづち」の効果

気持ちを一番ストレートに語るのが「目」。互いの視線が合うアイコンタクトは、長く見つめ合うことで特別な心理的意味を伝えることができます。

通常の対人関係の場合、アイコンタクトの時間は１回につき約１秒が基本。意中の相手に深い意味を込めて思いを伝えたいときは、５秒間以上見つめると効果的。

また、会話中に意識したいのが、うなずきやあいづち。心理学者マタラゾらの研究によると、人は相手のうなずきによって承認欲求（▶P44）が満たされ、発言量が増えることがわかりました。

会話中に、あなたが積極的にうなずいたりあいづちをうつことで、相手の会話はさらにはずむ。結果、相手にとって記憶に残るデートになる。

相手が好意を抱いているしぐさ

次のような表情やしぐさがみられたら、
相手があなたに何らかの好意を抱いている可能性が高いといえます。

表情・話し方

あなたのことを長時間見つめる

ふとしたときに、よく目が合う

会話中もあなたの目を見つめて話す

あなたの前で、よく笑顔を見せる

会話中「ボクが」「私が」など一人称を多用する

うなずきやあいづちを入れ、話をよく聞く

過去にあなたが話したことをよく覚えている

あなたの発言に必ず返答する

悩みや失敗などを打ち明けてくれる

休日の過ごし方を尋ねてくる

メールでもポジティブな表現が多い

小さな約束でも守ろうとする

ボディ

一方の肩が下がる（ただし男性のみ）

会話中、あなたに顔や体、足先を向けている

やや前かがみになって、身を乗り出す

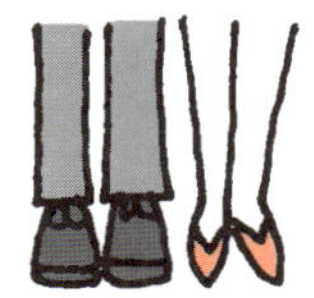

歩行中や座っているとき、距離が近い

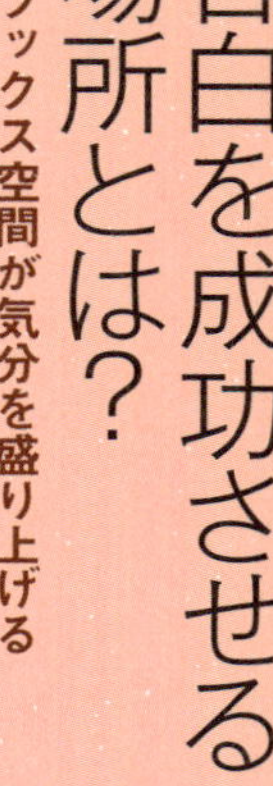

恋愛の嘘 06

告白を成功させる場所とは?

リラックス空間が気分を盛り上げる

快適な空間が恋を後押ししてくれる

告白やプロポーズなど、大切な相手からどうしても「YES」の答えを引き出したいときは、**ちょっと背伸びをしてでも、落ち着いたバーやレストランを利用しましょう。**

なぜなら、こういう店には、料理をはじめインテリアや照明など、ゲストを心地よくリラックスさせるための配慮があるからです。そして不思議なことに、そのように**快適な場所でよい気分を味わうことで、一緒にいる相手への好感度もアップする**のです。これは**フィーリンググッド効果**※と呼ばれるもので、ある意味、心地よい環境にだまされているといってよいでしょう。

快適な環境は、自宅でも再現でき

WORD フィーリンググッド効果…環境が人の気持ちにも影響を与えること。よい環境下では人も気分がよくなり、一緒にいる相手への好感度が上がる。

ココロファイル⑰

環境が人の評価を左右する？

実験 心理学者グリフィットは、被験者に「ある人物」についての調査票を読んでもらい、その人を評価してもらう実験を行った。その際、室温や湿度の違う部屋を2つ用意し、「快適な環境」と「不快な環境」で結果を比較した。

快適な環境

不快な環境

結果 環境によって「ある人物」への評価が変わった。不快な環境下においては、評価は否定的なものとなった。

環境が人の気持ちに影響を及ぼすということ。快適な環境にいるときのほうが、人への好感度もアップする。

ます。座り心地のいいソファや間接照明、アロマの香りや音楽など、相手の好みに合わせたリラックス空間を演出すればいいのです。

「旅先で恋が芽生えた」というのも一種のフィーリンググッド効果です。スキー場に舞う粉雪や透き通った青い海といった美しい自然が、心地よく気分をリラックスさせて恋を受け入れやすくするためです。意中の相手に思いを伝えたいのなら、**快適な空間や状況を選ぶことが、成功への近道**なのです。

使える！ 心理テクニック

夫婦のマンネリ対策にも

相手が同じ人でも、快適な場所にいるときのほうが好意は強くなります。つまり「最近、相手にときめいてないな」というカップルや夫婦にとっても、レストランデートや旅行は効果大。トキメキを取り戻すチャンスです。

恋愛の嘘 07

相手の性格を知るための「遅刻」テクニック

わざと遅刻して相手の反応をうかがう

ごめ～ん待った？
いや、いま来たところだよ
また遅刻か
後日
たまには待たせてみようかな。彼女、どんな反応するんだろう
も～、5分も遅刻だよ！
はいー
今日行きたいところがあるの！
早く早く

遅刻する人は、相手を従属させる

日本人は時間にシビアだといわれ、待ち合わせ時間より少し早く到着する人が大半ですが、**遅刻**には重要な心理学的効果があります。

スタンフォード大学の**インセル**は「待たされるのがイヤなのは、**待つことには従属の効果**※があるからだ」と指摘しています。誰かを待っている間は、簡単にその場を動くことができません。**待たされている人は、遅刻している人に時間を左右されている、つまり従属させられている気持ちになる**のです。

この効果を使って、あなたの恋の相手の性格チェックをしてみましょう。まず、気になる相手とデートの約束を取り付けたら、あなたは当日

WORD 従属の効果…「待たせる人」は、その行動によって「待つ人」の時間を左右するため、より価値が高いとみなされる。そのため「待たせる人」に対し「待つ人」が従属する効果が生まれる。

待ち合わせでわかる相手の心理

待ち合わせの態度や場所から、相手の心理がわかります。

待ち合わせ時間

A いつも遅刻してくる人

- おおらかでマイペース
- 相手への配慮が足りず、自己中心的なところもある
- 上下関係や権威的なものにこだわる

B いつも早めに来る人

- 時間に追われてバタバタしたり、あわてて作業したりすることを嫌う
- 先を読んで行動する
- 他人に弱みを握られたくない

待ち合わせ場所

①駅の改札口など目印になる場所で待ち合わせる人

- 堅実な性格。プレゼンや会議での発言なども要領を得ていてわかりやすい

②喫茶店で待ち合わせる人

- 気配りが上手
- 遅刻をあまり気にしない

③デートの目的場所で待ち合わせる人

- 合理的でムダがない性格
- 結論を急ぐなど、せっかちな面もある

わざと遅刻していきます。もちろん、相手を怒らせてしまっては元も子もありませんから、遅れるといっても5分程度がマナー。それでも待たせているあなたは、相手の行動を左右できる立場にいます。そのときの相手の反応を見てみましょう。

何事もなかったかのように**遅刻を許してくれるなら、あなたにリードしてもらいたいタイプ**。逆に、**ちょっと不機嫌そうなら、従属することが苦手な、自分で引っ張っていきたいタイプ**だと考えられます。

豆知識　遅刻したらフォローを

わざと遅刻して反応を見るなど、好きな相手を欺いているような気がするかもしれません。きちんと謝り、フォローするのを忘れずに。また、何度も繰り返すと相手を怒らせてしまうので注意しましょう。

美しさにひかれる男女の心理

美男・美女だと思わせて異性をゲットする

ルックスのよしあしは印象に左右される

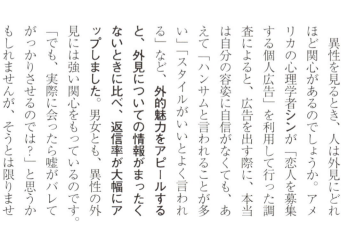

異性を見るとき、人は外見にどれほど関心があるのでしょうか。アメリカの心理学者**シン**が「恋人を募集する個人広告」を利用して行った調査によると、広告を出す際に、本当は自分の容姿に自信がなくても、あえて「ハンサムと言われることが多い」「スタイルがいいとよく言われる」など、**外的魅力をアピールすると、外見についての情報がまったくないときに比べ、返信率が大幅にアップしました。**男女とも、異性の外見には強い関心をもっているのです。「でも、実際に会ったら嘘がバレてがっかりさせるのでは？」と思うかもしれませんが、そうとは限りません。人は**いったん美形だという先入**

異性の外見を重視する心理

男女を問わず異性選びで外見を重視する人は、「自分を客観視し、周囲からどう見られているかを意識して行動する」タイプが多いといわれます。

外見を重視しがちな人の特徴

「自分が他人からどう見られているか」が、行動・判断基準
友達が多くて社交的
学歴や地位、外見にこだわる
ファッションに強い関心がある
ブランドものが好き
嘘やお世辞が上手
八方美人になってしまうこともある

外見をあまり重視しない人の特徴

「自分自身がどう感じるか」が行動・判断基準
単独行動が多い
ファンションにあまりこだわりがない
ブランドものに興味がない
相手の性格を重視する
嘘が苦手
「融通がきかない」と思われることもある

観をもつと、実際に会っても「美しい」という印象をもちやすくなるのです。これをスリーパー効果※といいますが、先の個人広告の例のように前もっていい印象が脳に植えつけられれば、時間がたつにつれてその情報だけが強く記憶に残り、本当にそうだと思うようになるのです。

よいと思う外見の基準は、人それぞれです。ルックスに自信がない人でも、どこかひとつお気に入りをアピールしておけば、相手はいい先入観をもってくれるかもしれません。

使える！ 心理テクニック

第三者にほめさせる

スリーパー効果は、友人など第三者に伝えてもらっても効果がありま す。ただし、ギャップがありすぎると逆効果なので、自信のない人は「目がやさしい」「笑顔がステキ」など、想像する余地のあるアピールにしておくほうが無難です。

WORD スリーパー効果…信ぴょう性の薄い情報であっても、時間の経過とともにマイナス効果が薄れていき、記憶に残っている情報だけが大きくなっていく現象のこと。

恋愛の嘘 09

安心感を与えて愛を育む

暗く不安な空間で高まる誰かと一緒にいたい気持ち

不安な状況では誰かと一緒にいたい

「気になる相手ともっと仲よくなりたい」と思うなら、**不安な状態にある相手に安心感を与えてあげることが効果的**です。

人は社会的動物として進化をしてきたため、「安心できる誰かと一緒にいたい」という基本的な欲求を持っています。それを心理学では**親和欲求**※といいますが、**不安や恐怖心が強い状況にあるとき、この親和欲求がさらに高揚する**ことが、心理学者**シャクター**の実験によって明らかになっているのです。

この心理を上手く活用すれば、ふたりの距離を縮めることができます。たとえば、**デートにはお化け屋敷やホラー映画など、あえて不安や恐怖**

WORD 親和欲求…人と一緒にいたいという欲求。不安状況下ではそれがさらに高まるといわれている。

ココロファイル⑱

怖いときほど、一緒にいたい！

実験　心理学者シャクターは、女子大生を被験者に「電気ショックの影響を見る実験だ」と伝えた。さらに、実験室には大掛かりな電気ショック装置があり、「実験では強い電気ショックを与えるので、かなり痛いかもしれないが傷が残るようなことはない」と説明する。

次に「実験の準備に10分ほどかかるので、別室で待機していてほしい」と説明し、A〈ほかの学生も一緒に待っている大部屋〉か、B〈ひとり部屋〉かを選択させた。

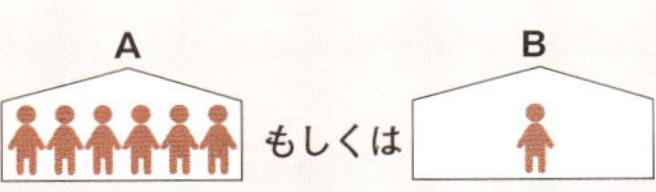

結果　62.5%の女子学生が「A」の大部屋を選択した。

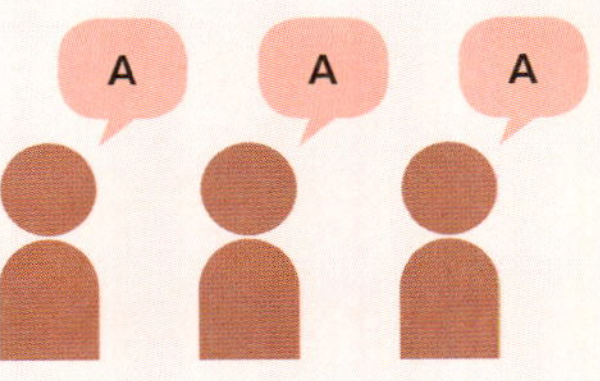

「電気ショックはかゆい程度」と説明した場合、大部屋希望率は33%だった。このことから、強い恐怖状況下では、他の人と一緒にいたいという「親和欲求」が高まることが証明された。

心をかきたてるところを選んでみてはいかがでしょう。怖がる相手の手をギュッと握りしめる、怖いシーンに顔をそむけた相手を自分のほうに引き寄せる…そんな**ボディタッチ**も、親和欲求が高まっている不安状況下なら、ごく自然に受け入れられるでしょう。

こちらで用意したシチュエーションとはいえ、**隣に人がいる安心感を提供してあげる**ことができれば、あなたは相手にとってかけがえのない存在に変わるかもしれません。

豆知識　不安な長女・ひとりっ子

心理学者シャクターの実験によると、不安状況下での親和欲求は「長女」あるいは「ひとりっ子」に特に強く表れることが判明しています。これは出生順位による両親の育児の違いが、親和欲求に影響する考えられています。

恋愛の嘘 10

嘘でも「笑顔」を見せることの効果

「表情」は声以上に印象を左右する

もう知らない！

バンッ

あったまきた！
もう絶対
許さないから

数日後

ピンポーン

最後にひと言
いってやらないと
気がすまない

やあ
どうしたの

う、うん
ちょっとね

入りなよ
なにか飲む？

こういうときは
笑顔でいなきゃ

うん

恋愛の最強の武器は笑顔である！

心が興奮していると声は自然と高く、大きくなります。一方、心に不安を抱えているときは声のトーンも低く、か細くなっていきます。これは感情が行動に表れる**表出**※によるものですが、**声以上に相手に与える印象を左右するのが「表情」**です。

たとえば、沈んだ顔で「大好き」と告白しても相手はピンときません。逆にニッコリ微笑みながら「嫌い」というと、相手には「好意」が残ります。声や表情のように、言葉以外で気持ちを伝えることを**非言語的（ノンバーバル）コミュニケーション**（▼P98）といいます。恋人と楽しい時間を過ごすためには、**言葉を使わずにコミュニケーションをとる**

WORD 表出…心の動きに応じて、ある特定の兆候や行動が表れること。特定の言葉や動作などに対し、表れる表情や身振りなどを指す場合もある。

笑い方から見える心理

たとえ演技であっても、相手に好意を伝えることができる「笑顔」ですが、笑い方には性格が表れます。内から外から〈笑顔力〉を鍛えて幸せを手に入れましょう！

A よく笑う

- 気持ちにゆとりがある
- 他人と仲良くなりたい気持ちが強い

B 大きく豪快に笑う

- 感情を隠すのが苦手
- 相手に心を開いている

C 含み笑い

- 感情コントロールが巧み
- 相手や自分の表情を意識する余裕がある

笑顔のトレーニング方法

1

鏡に向かい、箸を横にしてくわえ、そのまま軽く噛む。

2

口の形はそのままに、箸を抜く。

3

口の両端をあげ、両頬を各々の手で持ち上げる。

4

最後に両眉を上げる。

能力が欠かせないのです。

なかでも恋愛最強の武器が「**笑顔**」。笑顔は、相手へのストレートな好意を示し、必ずよい印象を与えます。どんなに仲よしカップルでもケンカはありますが、非難合戦を続けるのは不毛。**事態を悪化させたくないのなら、「愛想笑い」や「つくり笑い」であっても笑顔を見せるべき**です。

笑顔を見せることによって「よいコミュニケーションをとりたい」「相手を喜ばせたい」という気持ちが伝わり、相手もそれに応えようとしてふたりの仲は深化していくのです。

豆知識　笑顔が多いと長続きする

ある調査によると、長続きするカップルは、相手とのやり取りにおいて、前向きな態度（笑う、ほめるなど）と否定的な態度（皮肉や侮辱など）の割合が5対1以下だということです。

あなたの恋を邪魔するのは？

Q あなたはキャッチセールスで粗悪な英会話教材を売ろうとしています。路上で捕まえた相手に喫茶店で商品説明をしていたところ、その相手の恋人がやってきました。その恋人は、あなたのことを不審そうに見ています。以下のようにテーブルにかけているとして、あなたが相手の恋人に座ってほしくない席はA～Eのどこですか？

※あなたが男性なら路上で捕まえた相手は女性を、女性なら男性を想定して考えてください。

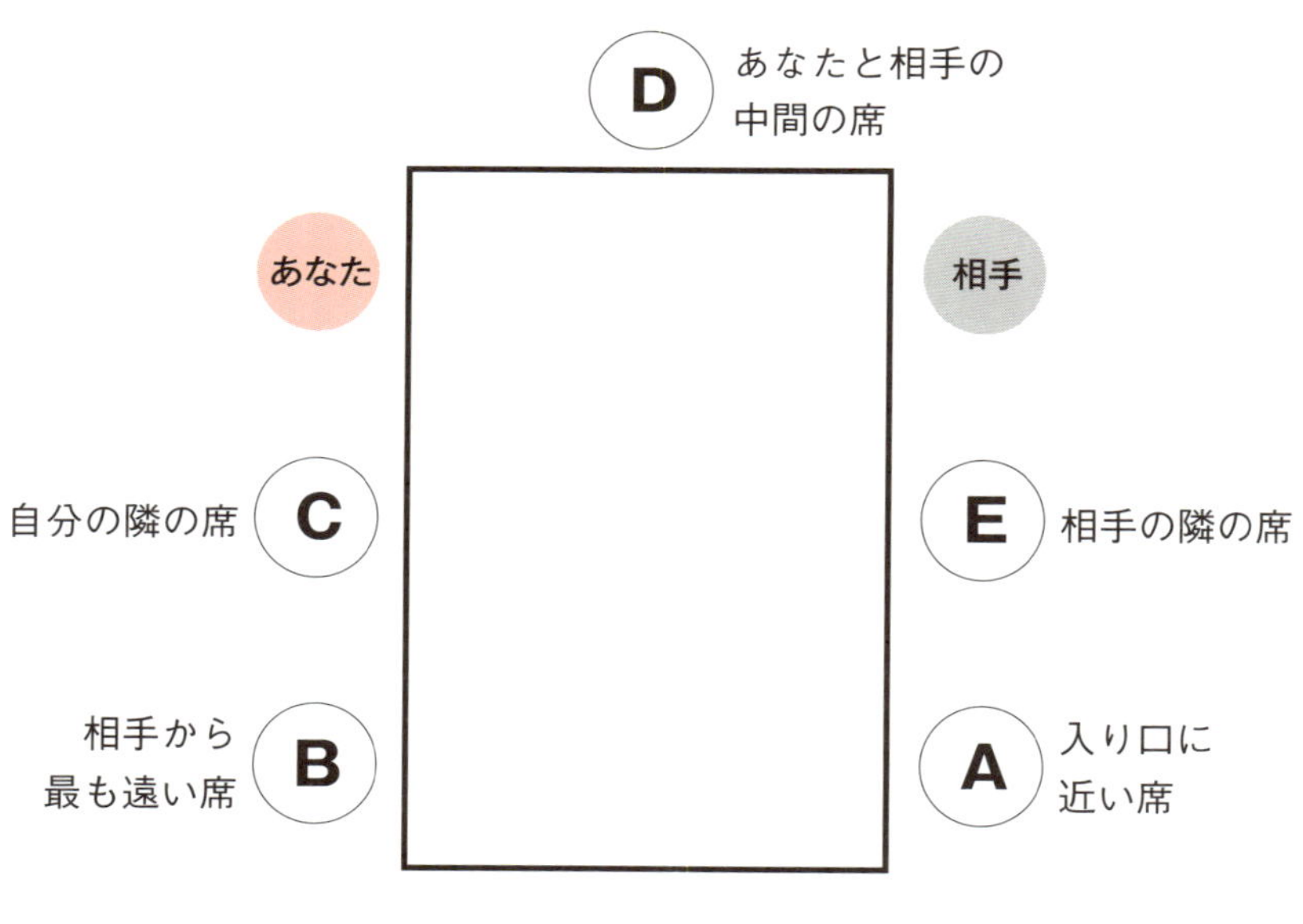

解説➡P188

心理テスト① あなたがどんなタイプの嘘つきかがわかる

森に潜む食人花は、あなた自身を象徴しています。どのように人をおびき寄せるかで、あなたの嘘のつき方がわかります。

●森に咲く花が人を惹きつけるために…

A 香りでおびき寄せる

➡言葉を使わない方法を選んだあなたは、嘘をつくのが苦手。ただし、本当のことを「話さない」嘘や、真実を「誤魔化す」嘘をつくタイプだといえます。

B その人が大好きな人の声を真似る

➡声真似という高度な技を選んだあなたは、かなり嘘つき上手です。細部までつくり込んだ嘘を、相手に怪しまれることなくつき通すことができます。

C 近寄ってくるのをじっと待つ

➡あなたは頑固な正直者。嘘を憎んでいます。しかし、嘘には人を助けたり、元気づけたりすることもあるので、上手な嘘のつき方を学びましょう。

D 蝶を使っておびき寄せる

➡蝶の魅力に頼るあなたは、自分に自信がなく依存心が強い性格。失敗して追い詰められたときに、他の人や状況に責任転嫁する嘘をつきやすいといえます。

E 歌を歌っておびき寄せる

➡歌って人をおびき寄せるあなたは、面白くしようとして話を盛る、誇張の嘘をつくタイプ。調子にのりすぎてしまう傾向があるので、言動に注意しましょう。

心理テスト② あなたの自己顕示欲・喝采願望がわかる

10個のうちいくつ選んだかによって、あなたの自己顕示欲や喝采願望の高さがわかります。とくに6個以上選んだ人は、かなりの見栄っ張りで、自分をよく見せようとするために嘘をつくことが多くなっているかもしれません。

研究 自分の願望が投影される

このテストは絵を見て過去や未来などを想像して物語をつくらせるTAT（主題統覚検査法）を応用したものです。イラストの男性あるいは女性にはあなた自身が投影されています。地位や肩書き、容姿などへのこだわりが多いほど、内心、「自分がこうだったらいいのに」と思っている程度が高いといえます。周囲から注目され、うらやまれたいという思いが強く、つい話を誇張したり、嘘をついたりしてしまいがちです。

心理テスト③ あなたのナルシスト度がわかる

別荘のタイプは自己愛を暗示しており、あなたのナルシスト度がわかります。

●あなたが写真を撮ったのは…

A 木の素材感がむき出しの別荘

➡他人の言動からその人の気持ちがわかる能力に長けたあなたは、ナルシスト度が低いといえます。仕事やプライベートで、人間関係を円滑に営むことができているといえるでしょう。

B 赤と白というコントラストが強い色の組み合わせの別荘

➡あなたは強烈な自意識を持っています。自信満々でナルシスト度も最高レベル。見栄っ張りなところもあり、他人を見下すような発言をしないように注意してください。

C 青い屋根にクリーム色の壁の別荘

➡理性の色である青が引き立つ別荘を選んだあなたは、自分の有能さを自覚している正統派ナルシスト。コミュニケーションも上手ですが、正論を振りかざして相手を追い詰めてしまわないように、気をつけてください。

D ピンクと白を基調にした、かわいらしい外観の別荘

➡ロマンチストなあなたは、他のことには自信がなくても恋愛についてはかなりのナルシスト。異性に対して自信たっぷりで接すると引かれてしまうこともあるので気をつけましょう。

心理テスト④ あなたのだまされやすさがわかる

いずれのタイプでも、○が多いほどだまされやすい人といえます。

●あなたが○をつけたのは…

1～3 に○をつけた人

➡トラブルに対して危機意識がないタイプです。「自分が危険な目にあうはずがない」「だまされるなんてあり得ない」などと考えています。

4～6 に○をつけた人

➡お人好しで、だまされてもなかなか気づきにくいタイプです。相手の気分を害するのが嫌で、つい不必要な商品を買ってしまったりすることも。

7～9 に○をつけた人

➡だまされたときにまわりに助けを求めず、ひとりで抱え込んでしまうタイプです。プライドの高さゆえ、だまされたことをなかなか認められず、深みにはまってしまうこともかもしれません。

研究 だまされやすい人は詐欺に注意！

だまされやすいと診断された人は、詐欺などのトラブルにあわないように気を引き締めましょう。被害に合わないようにするには①詐欺犯罪の手口について知っておく、②トラブルにあった際にどこに助けを求めればよいのかをチェックしておく、③何ごともその場で即断せずに誰かに相談する、などが大切です。

心理テスト⑤ あなたの苦手としているシチュエーションがわかる

異性をだますためには、恋愛ムードをつくって、相手をその気にさせなければなりません。避けたいターゲットのタイプから、あなたが苦手としている場面やシチュエーションがわかります。

●結婚詐欺のターゲットにしたくないのは…

A 弁護士タイプ ➡知らない言葉が飛び交う会議や、知らない人が大勢参加しているパーティーなど、自分の知識を試されるような場面が苦手。交友関係を広げるためには、謙虚に「教えて」という勇気も必要です。

B 教員タイプ ➡冗談のひとつも言えないような雰囲気が苦手なタイプ。反省会や落ち込んでいる友人をなぐさめるなど、シリアスな場面で苦労することが多いようです。うかつな発言をしてしまわないよう注意。

C お金持ちタイプ ➡身に付けているものの価格やセンスが問われるような場が苦手。何を着ていったらよいかわからなくなったり、支払いの金額が気になって楽しめなかったりすることも。場数を踏んで少しずつ慣れていくのが得策です。

D 体育会タイプ ➡その場にいる人同士が険悪な雰囲気になるような場面を苦手としています。どちらの味方をすればよいかわからずパニックになることも。勇気を出して仲裁役を買って出ると、信頼を集めることができます。

E モデルタイプ ➡仲のよいグループで、テニスやスキーなどに行ったりするのが苦手なタイプ。まわりの雰囲気に合わせられず、グループ内で孤立することも。多少無理をしてでも、笑顔をつくることが必要です。

心理テスト⑥ あなたの他人とのつき合い方がわかる

A～D群の言葉は、それぞれの性格的特性や、願望を象徴するものです。どの群が多いかで、あなたの人間関係に対する傾向が見えてきます。

●過去に見た夢で印象に残っているのは…

A 群が多かった ➡広く浅く人とつき合うタイプ。人当たりがよく、初対面でも打ち解けられる一方で、「知り合い」以上に関係が深まらない傾向も。親友と呼べる相手がいないことにコンプレックスを感じているかもしれません。

B 群が多かった ➡狭く浅く人とつき合うタイプ。他人に対して心を開かなかたり、逆に相手に近づきすぎて敬遠されるなど、距離感がうまくとれません。他人への接し方に問題はないか、一度振り返ってみましょう。

C 群が多かった ➡広く深く人づき合いをするタイプ。年齢、職業、環境などの異なるさまざまな人と屈託なくつき合うことができます。自分から相手に対してオープンになれるため、相手からも心を開いてもらえることが多いでしょう。

D 群が多かった ➡狭く深く人づき合いをするタイプ。初対面の人と親しくなるのに時間がかかりますが、いったん信頼関係をつくれば、そのあとは人一倍、友人を大切にします。友人の数より、一人ひとりとのつながりの質を重視します。

心理テスト7 あなたの人をだます能力がわかる

1番目の選択肢ではあなたの論理性が、2番目の選択肢では説得を続けるエネルギー、忍耐力がわかります。このふたつは人を説得するために必要なことですが、説得上手な人は人をだますのも上手だといえます。

●あなたが選んだ組み合わせは…

A+a ➡だます能力⇒高：論理的で人を説得する能力が高く、たとえ違う考えを持った他人であっても、あきらめずに説明し続け、あなたの言うことを信じ込ませてしまうことができます。

A+b ➡だます能力⇒中の上：論理的に相手を説き伏せる能力には長けているのですが、相手を選びがち。強引に自分の意見を押し付けてくるような相手に対しては、つい弱腰になってしまいます。

B+a ➡だます能力⇒中の下：あなたはそれほど論理的ではありません。ただ、相手を説き伏せようとするエネルギーが強いので、あなたの熱意に押されて、いつの間にか納得させられてしまう人も少なからずいます。

B+b ➡だます能力⇒低：残念ながら人をだますのに向いていません。自分で何を話しているのかわからなくなったり、相手から突っ込まれると引いてしまったりしがちに。でも、だからといってなんら恥じることはありません。

心理テスト8 あなたの恋の邪魔者がわかる

相手の恋人は、あなたの恋敵の象徴です。恋敵にどこに座られると仕事がやりにくいかによって、あなたの恋愛に横槍を入れてくる異性のタイプがわかります。

●相手の恋人に座ってほしくないのは…

Ⓐ **入り口に近い席** ➡あなたの恋敵になるのは明るく活発なタイプ。さほど強引ではなく隠し事も苦手なので、意中の人を奪われるかも…とあまり心配する必要はなさそうです。

Ⓑ **相手から最も遠い席** ➡あなたの恋敵になるのは内気なタイプ。控えめな性格だからと安心していると、気づかないうちに意中の人を奪われていた…なんてことも。油断は禁物です。

Ⓒ **自分の隣の席** ➡あなたの恋敵になるのは自分に似たタイプ。意地を張り合い引くに引けなくなってこじれる可能性も。ただし、よく話し合えば相手が身を引いてくれます。

Ⓓ **あなたと相手の中間の席** ➡あなたの恋敵は冷静で頭のいいタイプ。あの手この手であなたの意中の人にアタックします。下手な小細工をするより誠意で勝負したほうが効果的です。

Ⓔ **相手の隣の席** ➡あなたの恋敵はかなり積極的なタイプ。あなたの存在を知りながら平気であなたの意中の人をデートに誘ったりします。常に目を離さないよう注意しましょう。

さくいん

主な参考文献

『相手の心を絶対に見抜く心理術―裏の心理を読んで動かすスーパーメソッド19』ゆうきゆう 著（海竜社）
『相手の心を絶対にその気にさせる心理術』ゆうきゆう 著（海竜社）
『心理学入門―心のしくみがわかると、見方が変わる』ゆうきゆう 監修（学研教育出版）
『「なるほど！」とわかる マンガはじめての心理学』ゆうきゆう 著（西東社）
『「なるほど！」とわかる マンガはじめての恋愛心理学』ゆうきゆう 著（西東社）
『「なるほど！」とわかる マンガはじめての他人の心理学』ゆうきゆう 著（西東社）
『「なるほど！」とわかる マンガはじめての自分の心理学』ゆうきゆう 著（西東社）
『嘘とだましの心理学―戦略的なだましからあたたかい嘘まで』箱田裕司／仁平義明 編集（有斐閣）
『人はなぜウソをつくのか―悪いウソを見きわめる心理学』渋谷昌三（KAWADE夢新書）
『平気でうそをつく人たち 虚偽と邪悪の心理学』M・スコット・ペック著／森英明訳（草思社文庫）
『脳は平気で嘘をつく「嘘」と「誤解」の心理学入門』植木理恵著（角川oneテーマ21）
『人間関係がうまくいく 図解 嘘の正しい使い方』碓氷真史著（大和出版）
『嘘の見抜き方』若狭勝著（新潮新書）
『アサーショントレーニング―さわやかな〈自己表現〉のために―』平木典子著（日本・精神技術研究所）
『心理学小辞典』大山 正・藤永 保・吉田正昭 共著（有斐閣）
『イラストレート人間関係の心理学』齊藤 勇 著（誠信書房）
『ココロのテスト 嘘の深層心理』亜門虹彦（オーイズミ）

●監修者紹介 ゆうき ゆう

精神科医。ゆうメンタルクリニック総院長。2008年、上野に開院後、池袋、新宿、渋谷、秋葉原にも開院。カウンセリングを重視した方針で、50名以上の医師が年間約70000件のカウンセリングを行っており、心安らげるクリニックとして評判が高い。また、医師業のかたわら、心理学系サイトの運営、マンガ原作、書籍執筆なども手がける。『マンガでわかる心療内科』（少年画報社）の原作、『ココロの救急箱』（マガジンハウス）など、著書多数。

ゆうメンタルクリニック
上野院　http://yucl.net/　03-6663-8813　上野駅0分
池袋東口院　http://yuik.net/　03-5944-8883　池袋駅1分
池袋西口院　http://yuk2.net/　03-5944-9995　池袋駅0分
新宿院　http://yusn.net/　03-3342-6777　新宿駅0分
渋谷院　http://yusb.net/　03-5459-8885　渋谷駅0分
秋葉原院　http://yakb.net/　03-3863-8882　秋葉原駅0分
ゆうスキンクリニック池袋皮膚科
http://yubt.net/　03-6914-0003　池袋駅0分

●マンガ家紹介 すぎやま えみこ

岐阜県生まれ。名古屋のデザイン会社で広告・雑誌のデザイナーを務めつつ、イラストの仕事を開始。1995年からイラストレーターとして独立。『犬ゴコロ』（リベラル社）『レズビアン的結婚生活』（イースト・プレス）などではマンガを担当、繊細な感情をユーモラスかつ丁寧に描く独自のイラスト／マンガ世界を構築。

●イラスト ―― 宮野耕治
●デザイン ―― 鷹觜麻衣子
●DTP ―― 有限会社天龍社
●執筆協力 ―― 岡林秀明　圓岡志摩　石井栄子　寺田薫
●編集協力 ―― 有限会社ヴュー企画（池上直哉）

「なるほど！」とわかる マンガはじめての嘘(うそ)の心理学(しんりがく)

●監修者 ―― ゆうき ゆう
●発行者 ―― 若松 和紀
●発行所 ―― 株式会社西東社(せいとうしゃ)
〒113-0034 東京都文京区湯島2-3-13
営業部：TEL（03）5800-3120　FAX（03）5800-3128
編集部：TEL（03）5800-3121　FAX（03）5800-3125
URL：http://www.seitosha.co.jp/

ISBN978-4-7916-2339-6